TAM DİS VE SPORLAR TARİF KİTABI

100 Lezzetli Tarifle Sıradan Atıştırmalıkları Sıradışı Deneyimlere Dönüştürün

Meryem Erdoğan

Telif Hakkı Malzemesi ©2024

Her hakkı saklıdır

Bu kitabın hiçbir bölümü, incelemede kullanılan kısa alıntılar dışında, yayıncının ve telif hakkı sahibinin uygun yazılı izni olmadan, hiçbir şekilde veya yöntemle kullanılamaz veya aktarılamaz. Bu kitap tıbbi, hukuki veya diğer profesyonel tavsiyelerin yerine geçmemelidir.

İÇİNDEKİLER

İÇİNDEKİLER	3
GİRİİŞ	6
ÇİFTLİK DALIŞLARI	7
1. Temel Hebed Çiftliği daldırma	8
2. Avokado Çiftliği Sosu	10
3. Dumanlı Chipotle Ranch Dip	12
4. Curry Ranch Sosu	14
5. Wasabi Çiftliği Dip	16
6. Hindistan Cevizi Kireç Çiftliği Dip Sosu	18
7. Dereotu Turşu Çiftliği Dip Sosu	20
HUMUS	**22**
8. Kabak ve Nohut Humus	23
9. Limonlu Nohut ve Tahınlı Humus	25
10. Sarımsaklı Nohut Humus	27
11. Közlenmiş Patlican Dip	29
12. Spirulina Humus	32
13. Matcha ve pancar humusu	34
14. Güneşte Kurutulmuş Domatesli Humus	36
15. Aquafabalı Nohut Humus	38
16. Soya Filiz Humus	40
17. Kimyonlu Humus Yok	42
18. Jalapeño-Kişniş Humus	44
19. Yuzu Humus	46
20. Temellere Dönüş Humus	48
21. Kavrulmuş Kırmızı Biberli Humus	50
22. Beyaz Fasulye ve Dereotu Humus	52
23. Dumanlı Chipotle-Pinto Humus	54
24. Kuzey Hindistan Humus	56
25. Ekstra pürüzsüz humus	58
26. Soya fasulyesi humusu	60
27. Körili Nohut Humus	62
28. Kırmızı Biberli Humus (Fasulyesiz)	64
29. Kabak Humus	66
30. Limon Soslu Humus Kawarma (Kuzu)	68
31. Musabaha & kızarmış pide	71
32. Gerçek Humus	74
33. Enginar humusu	76
34. Beyaz fasulye humuslu kereviz	78
35. Egzotik fasulye humusu	80
36. Tatil humusu	82
37. Güneşte kurutulmuş domates ve kişnişli humus	84

38. KIZARTILMIŞ ÇAM FISTIĞI VE MAYDANOZ YAĞI İLE HUMUS 86
39. BALKABAĞI VE NARLI HUMUS 89
40. DOMATES SOSLU HUMUS 91
41. AZ YAĞLI HUMUS SOSU 93
42. SASKATCHEWAN HUMUSU 95
43. PESTOLU HUMUS 97
44. KREMALI KARNABAHAR HUMUS 99
45. KAVRULMUŞ HAVUÇ HUMUSU 101

BABA GANUŞ 103
46. BABA GANUŞ 104
47. DUMANLI KÖZLENMİŞ PATLICAN SOSU 106
48. İTALYAN BABA GANUŞ 108
49. PANCAR BABA GANUŞ 110
50. AVOKADO BABA GANUŞ 112
51. KÖRİ BABA GANUŞ 114
52. CEVİZ BABA GANUŞ 116
53. KÖZLENMİŞ KIRMIZI BİBER BABA GANNUŞ 118
54. NAR BABA GANUŞ 120
55. PATLICAN CEVİZ EZMESİ 122

GUACAMOLE 124
56. SARIMSAKLI GUACAMOLE 125
57. KEÇİ PEYNİRİ GUACAMOLE 127
58. HUMUS GUACAMOLE 129
59. KİMÇİ GUACAMOLE 131
60. SPIRULINA GUACAMOLE SOSU 133
61. HİNDİSTAN CEVİZİ LİMONU GUACAMOLE 135
62. NORİ GUACAMOLE 137
63. TUTKU MEYVESİ GUACAMOLE 139
64. MORINGA GUACAMOLE 141
65. MOJITO GUACAMOLE 143
66. MİMOZA GUACAMOLE 145
67. AYÇİÇEĞİ GUACAMOLE 147
68. EJDERHA MEYVESİ GUACAMOLE 149

TAHİN BAZLI DİSLER 151
69. KREMALI ISPANAK-TAHİN SOSU 152
70. BAHARATLI KÖZLENMİŞ KIRMIZI BİBER TAHİN DIP 154
71. LİMONLU TAHİN SOSU 156
72. KREMALI PANCAR TAHİN SOSU 158
73. GÜNEŞTE KURUTULMUŞ DOMATES VE FESLEĞENLİ TAHİN SOSU 160
74. ZERDEÇAL VE ZENCEFİL TAHİN SOSU 162
75. AKÇAAĞAÇ TARÇINLI TAHİN DIP 164

PEYNİR SOSU 166
76. TUĞLA PEYNİR SOSU 167

77. Mavİ Peynir ve Gouda Peynİrİ Sosu 169
78. Krem Peynir ve Bal Sosu 171
79. Buffalo Tavuk Sosu 173
80. Baharatli Balkabaği ve Krem Peynir Sosu 175
81. Bavyera partİsİnİn düşüşü/yayılması 177
82. Firinda Engİnar Partİsİ sosu 179
83. Pub Peynir Sosu 181
84. Düşük Karbonhidratli tava pİzza sosu 183
85. Yengeç rangoonu sosu 185
86. Baharatli karİdes ve peynİrlİ dİp 187
87. Sarimsak ve pastirma sosu 189
88. Kremali Keçİ Peynİrİ Pesto Sosu 191
89. Sicak Pİzza Süper dİp 193
90. Firinda Ispanak ve Engİnar Dİp 195
91. engİnar Dİp 197
92. Kremali engİnar sosu 199
93. Dereotu ve Krem Peynir Sosu 201
94. Yabani pirinç ve Chİlİ Dİp 203
95. Baharatli Balkabaği ve Krem Peynir Sosu 205

ASYA DALDIRMA SOSLARI 207

96. Kayisi ve Şili Dip Sosu 208
97. Mango-Ponzu Daldirma Sosu 210
98. Soya Zencefİllİ Daldirma Sosu 212
99. Baharatli Fistik Dİp Sosu 214
100. Sweet Chİlİ Limonlu Daldirma Sos 216

ÇÖZÜM 218

GİRİŞ

Sıradan atıştırmaları 100 lezzetli tarifle olağanüstü deneyimlere dönüştürmeye yönelik nihai rehberiniz olan "Komple Soslar ve Sürülebilir Tarifler Kitabı"na hoş geldiniz. İster bir partiye ev sahipliği yapıyor olun, ister misafirlerinizi eğlendirin, ister sadece rahat bir gecenin tadını çıkarın, bu yemek kitabı lezzet ve yaratıcılık dünyasına açılan pasaportunuzdur. Klasik soslardan yenilikçi soslara kadar her tarif, atıştırma oyununuzu geliştirmek ve damak tadınızı memnun etmek için tasarlanmıştır.

Bu yemek kitabında batırma ve yayma sanatını yücelten çok çeşitli tarifler keşfedeceksiniz. Kremalı humus ve keskin salsadan lezzetli peynir soslarına ve leziz tatlı soslarına kadar her damak zevkine ve duruma uygun bir şeyler var. Canınız ister lezzetli, ister tatlı, ister baharatlı veya keskin bir şeyler çekiyor olun, atıştırmalık isteğinizi giderecek ve misafirlerinizi etkileyecek bir tarif burada bulacaksınız.

"TAM DİS VE SPORLAR TARİF KİTABI"nı diğerlerinden ayıran şey basitlik, çok yönlülük ve yaratıcılığa verdiği önemdir. İster deneyimli bir ev aşçısı olun, ister mutfakta acemi olun, bu tarifler takip edilmesi kolay ve damak zevkinize ve beslenme ihtiyaçlarınıza göre uyarlanabilecek şekilde tasarlanmıştır. Minimum miktarda malzeme ve basit talimatlarla , çok kısa sürede ev yapımı soslar ve soslar hazırlayabilir, günlük atıştırmaları bir gurme deneyimine dönüştürebilirsiniz.

Bu yemek kitabı boyunca sosları ve sürmeleri servis etmek ve saklamak için pratik ipuçlarının yanı sıra mutfak maceralarınıza ilham verecek çarpıcı fotoğraflar bulacaksınız. İster arkadaşlarınızla sıradan bir toplantıya ev sahipliği yapıyor olun, ister özel bir günü kutluyor olun, ya da sadece kendinize lezzetli bir atıştırmalık ısmarlıyor olun, "Tam Soslar ve Sürülebilirler Tarif Kitabı" atıştırmalığınızı bir sonraki seviyeye taşımak için ihtiyacınız olan her şeye sahiptir.

ÇİFTLİK DALIŞLARI

1.Temel Hebed Çiftliği daldırma

İÇİNDEKİLER:

- 1 bardak mayonez
- ½ bardak sade Yunan yoğurdu
- 1½ çay kaşığı kurutulmuş frenk soğanı
- 1½ çay kaşığı kurutulmuş maydanoz
- 1½ çay kaşığı kurutulmuş dereotu
- ¾ çay kaşığı toz sarımsak
- ¾ çay kaşığı granül soğan
- ½ çay kaşığı tuz
- ¼ çay kaşığı karabiber

TALİMATLAR:

a) Birleştir tüm malzemeler içinde A küçük tas.
b) İzin vermek ile oturmak içinde the için buzdolabı 30 dakika önce hizmet ediyor.

2.Avokado Çiftliği Sosu

İÇİNDEKİLER:

- 1 olgun avokado, soyulmuş ve çekirdeği çıkarılmış
- 1/2 bardak ekşi krema
- 1/4 bardak mayonez
- 1 yemek kaşığı taze sıkılmış limon suyu
- 2 yemek kaşığı doğranmış taze kişniş
- 1 diş sarımsak, kıyılmış
- 1/2 çay kaşığı soğan tozu
- Tatmak için biber ve tuz
- İsteğe bağlı: daha fazla ısı için doğranmış jalapeño

TALİMATLAR:

a) Bir karıştırma kabında olgun avokadoyu pürüzsüz hale gelinceye kadar ezin.
b) Ekşi krema, mayonez, limon suyu, doğranmış kişniş, kıyılmış sarımsak, soğan tozu ve isteğe bağlı doğranmış jalapeno ekleyin.
c) İyice birleşene ve kremsi olana kadar karıştırın.
ç) Tatmak için tuz ve karabiber ekleyin.
d) Avokado ranch dip sosunu servis kasesine aktarın.
e) Tortilla cipsleri, sebze çubukları veya tacos veya nachos için kremsi bir malzeme olarak servis yapın.

3.Dumanlı Chipotle Ranch Dip

İÇİNDEKİLER:

- 1/2 bardak ekşi krema
- 1/4 bardak mayonez
- 1 yemek kaşığı adobo soslu chipotle biber, kıyılmış
- 1 yemek kaşığı taze sıkılmış limon suyu
- 1 çay kaşığı füme kırmızı biber
- 1/2 çay kaşığı sarımsak tozu
- 1/2 çay kaşığı soğan tozu
- Tatmak için biber ve tuz
- İsteğe bağlı: garnitür için doğranmış taze kişniş

TALİMATLAR:

a) Bir karıştırma kabında ekşi krema, mayonez, kıyılmış patates kızartması, limon suyu, füme kırmızı biber, sarımsak tozu ve soğan tozunu birleştirin.
b) İyice karışana kadar karıştırın.
c) Tatmak için tuz ve karabiber ekleyin.
ç) İstenirse doğranmış taze kişniş ile süsleyin.
d) Dumanlı chipotle çiftliği daldırmasını servis kasesine aktarın.
e) Çıtır tatlı patates kızartması, tavuk kanadı ile servis yapın veya ızgara sebzeler için lezzetli dip sos olarak kullanın.

4.Curry Ranch Sosu

İÇİNDEKİLER:

- 1/2 bardak Yunan yoğurdu
- 1/4 bardak mayonez
- 1 yemek kaşığı köri tozu
- 1 çay kaşığı bal
- 1 diş sarımsak, kıyılmış
- 1 yemek kaşığı taze doğranmış kişniş
- 1 yemek kaşığı taze doğranmış nane
- 1 çay kaşığı limon kabuğu rendesi
- Tatmak için biber ve tuz

TALİMATLAR:

a) Bir karıştırma kabında Yunan yoğurdu, mayonez, köri tozu, bal, kıyılmış sarımsak, doğranmış kişniş, doğranmış nane ve limon kabuğu rendesini birleştirin.

b) Tüm malzemeler iyice birleşene kadar karıştırın.

c) Tatmak için tuz ve karabiber ekleyin.

ç) Köri çiftliği sosunu servis kasesine aktarın.

d) Sebze hamları, pide cipsleri veya samosa veya pakoralar için daldırma sosu olarak servis yapın.

5.Wasabi Çiftliği Dip

İÇİNDEKİLER:
- 1/2 bardak ekşi krema
- 1/4 bardak mayonez
- 1 yemek kaşığı hazırlanmış wasabi ezmesi
- 1 yemek kaşığı pirinç sirkesi
- 1 çay kaşığı soya sosu
- 1 yeşil soğan, ince doğranmış
- 1/2 çay kaşığı susam (isteğe bağlı)
- Tatmak için biber ve tuz

TALİMATLAR:
a) Bir karıştırma kabında ekşi krema, mayonez, wasabi ezmesi, pirinç sirkesi, soya sosu, doğranmış yeşil soğan ve susam tohumlarını (kullanılıyorsa) birleştirin.
b) Tüm malzemeler iyice karışıncaya kadar karıştırın.
c) Tatmak için tuz ve karabiber ekleyin.
ç) Wasabi ranch dip sosunu servis kasesine aktarın.
d) Suşi, tempura ile servis yapın veya karides veya suşi ruloları için daldırma sosu olarak kullanın.

6.Hindistan Cevizi Kireç Çiftliği Dip Sosu

İÇİNDEKİLER:

- 1/2 bardak hindistan cevizi kreması
- 1/4 bardak Yunan yoğurdu
- 1 yemek kaşığı mayonez
- 1 limonun kabuğu rendesi ve suyu
- 1 yemek kaşığı taze doğranmış kişniş
- 1 yemek kaşığı taze doğranmış nane
- 1 çay kaşığı bal
- Tatmak için biber ve tuz

TALİMATLAR:

a) Bir karıştırma kabında hindistancevizi kreması, Yunan yoğurdu, mayonez, limon kabuğu rendesi, limon suyu, doğranmış kişniş, doğranmış nane ve balı birleştirin.
b) Pürüzsüz ve kremsi olana kadar karıştırın.
c) Tatmak için tuz ve karabiber ekleyin.
ç) Hindistan cevizi limonu çiftliği daldırmasını servis kasesine aktarın.
d) Tropikal meyvelerle, ızgara karidesle servis yapın veya hindistancevizi karidesine daldırma sosu olarak kullanın.

7.Dereotu Turşu Çiftliği Dip Sosu

İÇİNDEKİLER:
- 1/2 bardak ekşi krema
- 1/4 bardak mayonez
- 1/4 su bardağı ince kıyılmış dereotu turşusu
- 1 yemek kaşığı turşu suyu
- 1 yemek kaşığı doğranmış taze dereotu
- 1 çay kaşığı soğan tozu
- Tatmak için biber ve tuz

TALİMATLAR:
a) Bir karıştırma kabında ekşi krema, mayonez, ince kıyılmış dereotu turşusu, turşu suyu, doğranmış taze dereotu ve soğan tozunu birleştirin.
b) Tüm malzemeler iyice birleşene kadar karıştırın.
c) Tatmak için tuz ve karabiber ekleyin.
ç) Gerekirse baharatı ayarlayın.
d) Dereotu turşusu ranch dip sosunu servis kasesine aktarın.
e) Patates cipsi, havuç çubukları veya kızarmış turşuların yanına sos olarak servis yapın.

HUMUS

8.Kabak ve Nohut Humus

İÇİNDEKİLER:
- 1 kutu nohut, süzülmüş ve durulanmış
- 1 diş sarımsak, doğranmış
- 1 yeşil kabak, doğranmış
- Bir avuç kıyılmış maydanoz
- Bir avuç kıyılmış fesleğen
- Himalaya veya Deniz Tuzu
- Taze çekilmiş karabiber
- 4 yemek kaşığı zeytinyağı
- Bir tutam taze limon suyu

TALİMATLAR:
a) Her şeyi karıştırın.

9.Limonlu Nohut ve Tahinli Humus

İÇİNDEKİLER:

- ½ limondan limon suyu
- 1 konserve kurutulmuş nohut, ıslatılmış
- 1 diş sarımsak
- 1 yemek kaşığı tahin
- 1 yemek kaşığı zeytinyağı

TALİMATLAR:

a) Pürüzsüz olana kadar her şeyi karıştırın.

10.Sarımsaklı Nohut Humus

İÇİNDEKİLER:
- 2 diş sarımsak
- 1 kutu nohut
- 1 yemek kaşığı Tahin
- 1 Limondan limon suyu
- 1 yemek kaşığı zeytinyağı

TALİMATLAR:
a) Bir karıştırma kabında tüm malzemeleri karıştırın.

11.Közlenmiş Patlıcan Dip

İÇİNDEKİLER:

- 3 orta patlıcan ile deri (büyük, yuvarlak, mor çeşitlilik)
- 2 yemek kaşığı yağ
- 1 yığın çay kaşığı ile ilgili kimyon tohumlar
- 1 çay kaşığı zemin Kişniş
- 1 çay kaşığı zerdeçal pudra
- 1 büyük sarı veya kırmızı soğan, soyulmuş Ve doğranmış
- 1 Bir parça zencefil kök, soyulmuş Ve rendelenmiş veya kıyılmış
- 8 karanfiller sarımsak, soyulmuş Ve rendelenmiş veya kıyılmış
- 2 orta domates, soyulmuş (eğer olası) Ve doğranmış
- 4 yeşil Tayland, serrano, veya kırmızı biber kırmızı biber, doğranmış
- 1 çay kaşığı kırmızı Şili pudra veya kırmızı biber
- 1 yemek kasigi kaba deniz tuz

TALİMATLAR:

a) Ayarlamak BİR fırın raf en the ikinci en yüksek konum. Ön ısıtma the piliç ile 500°F (260°C). Astar A pişirme çarşaf ile alüminyum folyo ile kaçınmak A karışıklık Daha sonra.

b) dürtmek delikler içinde the patlıcan ile A çatal (ile serbest bırakmak buhar) Ve yer onlara Açık the pişirme çarşaf. Kavrulmak için 30 dakika, dönüm bir kere.   deri irade olmak kömürleşmiş Ve yanmış içinde bazı alanlar Ne zaman Onlar öyle Tamamlandı. Kaldırmak the pişirme çarşaf itibaren the fırın Ve izin vermek the patlıcan Serin için en en az 15 dakika. İle A keskin bıçak, kesmek A bölmek uzunlamasına itibaren bir son ile ilgili her biri patlıcan ile the diğer, Ve çekmek BT açık biraz. Kepçe dışarı the kavrulmuş et içeri, yapı dikkatli olmak ile kaçınmak the buhar Ve kurtarma gibi fazla Meyve suyu gibi olası. Yer the kavrulmuş patlıcan et içinde A kase - yapacaksın sahip olmak hakkında 4 bardak (948 mL'dir).

c) İçinde A derin, ağır tava, sıcaklık the yağ üzerinde orta-yüksek sıcaklık.

ç) Eklemek the kimyon Ve aşçı değin BT cızırtılar hakkında 30 saniye.

d) Eklemek the Kişniş Ve zerdeçal. Karışım Ve aşçı için 30 saniye.

e) Eklemek the soğan Ve kahverengi için 2 dakika.

f) Eklemek the zencefil kök Ve sarımsak Ve aşçı için 2 Daha dakika.

g) Eklemek the domates Ve kırmızı biber. Aşçı için 3 dakika, değin the karışım yumuşatır.

ğ) Eklemek the et itibaren the kavrulmuş patlıcan Ve aşçı için bir diğer 5 dakika, karıştırma ara sıra ile kaçınmak yapışıyor.

h) Eklemek the kırmızı Şili pudra Ve tuz. Şu tarihte: Bu nokta, Sen meli Ayrıca kaldırmak Ve atmak herhangi başıboş parçalar ile ilgili kömürleşmiş patlıcan deri.

ı) Karışım Bu karışım kullanarak BİR daldırma karıştırıcı veya içinde A ayırmak karıştırıcı. Yapma abartmak orada meli Hala olmak bazı doku. Sert ile tost naan dilimler, kraker, veya tortilla cips. Sen olabilmek Ayrıca sert BT geleneksel olarak ile BİR Hintli yemek ile ilgili Gözleme, mercimek, Ve Raita.

12. Spirulina Humus

İÇİNDEKİLER:

- 1 olabilmek nohut, boşaltılmış, sıvı rezerve
- 1 yemek kasigi zeytin yağ
- 2 çay kaşığı tahin
- 1 yemek kasigi taze preslenmiş limon Meyve suyu
- 1 karanfil sarımsak, ezilmiş
- ½ çay kaşığı tuz

TALİMATLAR:

a) Yer the nohut, zeytin yağ, tahin, limon Meyve suyu, sarımsak, Ve tuz içinde A yiyecek işlemci.

b) Dönüş Açık the yiyecek işlemci Ve yavaşça dökün içinde bazı ile ilgili the rezerve nohut sıvı sırasında the makine koşar.

c) Ne zaman the karışım dır-dir tamamen kombine Ve düz, Aktar BT içine A hizmet tabak.

13.Matcha ve pancar humusu

İÇİNDEKİLER:

- ½ çay kaşığı Matcha pudra
- 400g teneke nohut, süzülmüş Ve durulanmış
- 250g pişmiş pancar kökü
- 1 sarımsak karanfil
- 2 yemek kaşığı tahin
- 2 çay kaşığı zemin kimyon
- 100 ml ekstra bakir zeytin yağ
- Meyve suyu ile ilgili limon
- Tuz ile tatmak

TALİMATLAR:

a) Eklemek Tümü içindekiler hariç the nohut içine senin blender/yiyecek işlemci. Karışım değin düz.

b) Eklemek the nohut Ve karışım Tekrar değin düz Ve lezzetli!

14.Güneşte Kurutulmuş Domatesli Humus

İÇİNDEKİLER:

- 8,5 ons kavanoz ile ilgili güneşte kurutulmuş domates içinde yağ
- 8,8 ons kavanoz ile ilgili Fırında kavrulmuş domates içinde yağ
- #10 olabilmek ile ilgili garbanzo fasulye, süzülmüş Ve durulanmış
- 2 yemek kaşığı tahin yapıştırmak
- 2 yemek kaşığı soğan pudra
- 2 çay kaşığı kırmızı biber
- 2 yemek kaşığı doğranmış sarımsak
- 1 bardak ılık su
- 1 bardak sebze yağ
- 4 çay kaşığı limon Meyve suyu
- Tuz Ve biber ile tatmak

TALİMATLAR:

a) Eklemek güneşte kurutulmuş domates, kavrulmuş domates, Ve tahin yapıştırmak ile the yiyecek işlemci. Kullanmak 1 yemek kasigi ile ilgili su ile ince dışarı the karışım. Karışım değin düz.

b) Eklemek garbanzo fasulye, soğan pudra, sarımsak, kırmızı biber, Ve limon Meyve suyu. Dönüş the işlemci Açık Düşük Ve karışım.

c) Yavaş yavaş eklemek su Ve yağ, ile gevşetmek the bıçak ağzı, Ve izin vermek the Humus ile karışım değin düz.

ç) Tekrarlamak the işlem ile the ikinci grup ile ilgili içindekiler.

15. Aquafabalı Nohut Humus

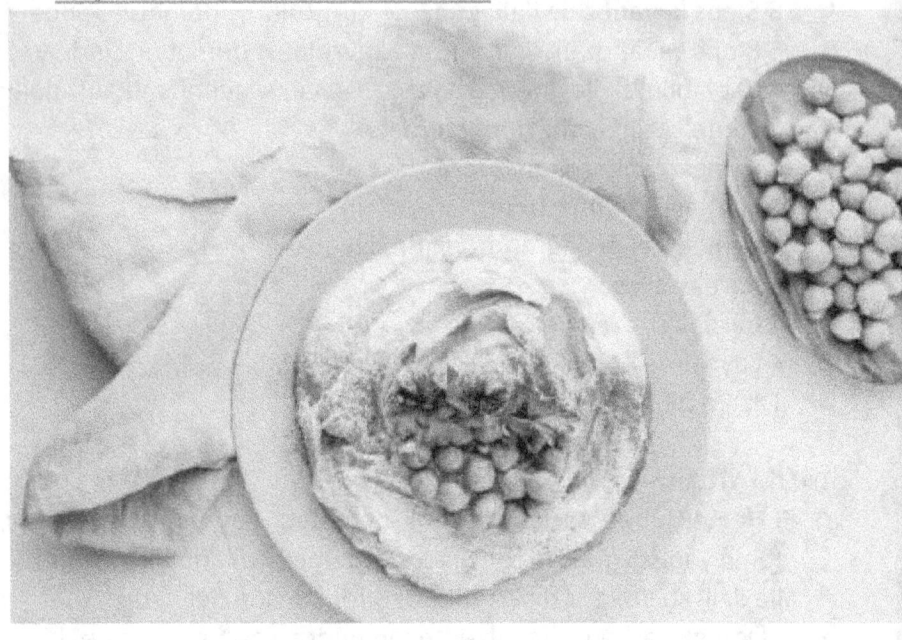

İÇİNDEKİLER:
- 2 bardak konserve nohut
- 2 karanfiller sarımsak
- 4 yemek kaşığı bitki bazlı tahin
- 2 yemek kaşığı limon Meyve suyu, taze sıkılmış
- 2 çay kaşığı kimyon pudra
- 1 çay kaşığı tuz
- ½ çay kaşığı Acı biber pudra

AQUAFABA
- ½ bardak nohut sıvı

TOPLAMLAR
- Kişniş
- Kişniş tohumlar
- Acı biber pudra
- Tüm nohut

TALİMATLAR:
İLE YAPMAK THE AQUAFABA:
a) Eğer the nohut sıvı içerir A pay ile ilgili küçük bitler ile ilgili fasulye, gerilmek BT başından sonuna kadar A iyi örgü süzgeç ile kaldırmak onlara.

b) Hafifçe hızla çıkarmak the sıvı değin köpüklü, Daha sonra ölçüm dışarı the gerekli miktar ile ilgili aquafaba.

İLE YAPMAK THE HUMUS:
c) Yer the nohut, sarımsak, Ve su fabası içinde A yiyecek işlemci kavanoz Ve püre değin düz.

ç) Eklemek tahin, limon Meyve suyu, kimyon, tuz, Ve Acı biber pudra ile tatmak.

d) İşlem Açık yüksek hız değin the Humus dır-dir düz Ve kremsi. Eğer gerekli, sprey ile su.

e) Kepçe the Humus içine A hizmet tas Ve tepe ile taze Kişniş yapraklar Ve tohumlar.

f) Buzdolabında saklayın içinde BİR hava geçirmez konteyner için yukarı ile 5 günler.

16.Soya Filiz Humus

İÇİNDEKİLER:
- 480g pişmiş soya fasulyesi
- 285g sarı tatlı Mısır
- 10 güneşte kurutulmuş domates yarımlar
- 2 çay kaşığı. sarımsak pudra
- ½ çay kaşığı kırmızı biber pudra
- ½ çay kaşığı kurutulmuş reyhan
- 1 çay kaşığı soğan pudra
- 2 yemek kaşığı beslenme maya
- 2 yemek kaşığı limon Meyve suyu
- su

TALİMATLAR:
a) Emmek the güneşte kurutulmuş domates yarımlar içinde sıcak su için en en az bir saat.
b) Boşaltmak Ve iyice durulmak.
c) Birleştir Tümü ile ilgili içindekiler içinde A yiyecek işlemci Ve işlem değin düz Ve kremsi.

17.Kimyonlu Humus Yok

İÇİNDEKİLER:
- 2 bardak ile ilgili nohut, süzülmüş ile su ayarlamak bir kenara
- 1/2 bardak tahin
- Sarımsak Yapıştırmak
- Meyve suyu ile ilgili 6 misket limonu
- Tuz Ve biber.
- A çok ışık serpmek ile ilgili kırmızı Acı biber biber pullar

TALİMATLAR:
a) Karışım içinde A karıştırıcı.
b) Eğer fazla kalın, eklemek Daha su itibaren the nohut ile düz BT dışarı.

18.Jalapeño-Kişniş Humus

İÇİNDEKİLER:
- 1 (15 ons) olabilmek nohut, süzülmüş Ve durulanmış
- 1 bardak Kişniş yapraklar, artı ek olarak için garnitür
- 2 küçük jalapeno, tohumlanmış Ve kabaca doğranmış
- 1 sarımsak karanfil
- ¼ bardak taze kireç Meyve suyu
- 2 yemek kaşığı tahin (susam yapıştırmak)
- 1 yemek kasigi zeytin yağ

TALİMATLAR:
a) İçinde A yiyecek işlemci, püre the nohut, Kişniş, jalapeno, Ve sarımsak değin düz.

b) Eklemek the kireç Meyve suyu, tahin, Ve yağ Ve işlem değin Peki harmanlanmış. Eğer the karışım dır-dir fazla kalın, eklemek su, 1 yemek kasigi en A zaman, değin the İstenen tutarlılık dır-dir elde edildi.

c) Sert the Humus hemen, süslenmiş ile ek olarak Kişniş, veya kapak Ve buzdolabında saklamak BT için yukarı ile 2 günler.

19.Yuzu Humus

İÇİNDEKİLER:
- 2 su bardağı pişmiş nohut (garbanzo fasulyesi)
- 1/4 bardak (59 ml) taze Yuzu suyu
- 1/4 su bardağı (59 ml) tahin
- Kıyılmış büyük bir diş sarımsağın yarısı
- 2 yemek kaşığı zeytinyağı veya kimyon yağı, ayrıca servis için daha fazlası
- 1/2 ila 1 çay kaşığı tuz
- 1/2 çay kaşığı öğütülmüş kimyon
- 2 ila 3 yemek kaşığı su
- Servis için bir tutam toz kırmızı biber

TALİMATLAR:

a) Birleştir tahin Ve yuzu Meyve suyu Ve karışım için 1 dakika. Eklemek the zeytin yağ, kıyılmış sarımsak, kimyon Ve the tuz ile tahin Ve limon karışım. İşlem için 30 saniye, Kazımak taraflar Ve Daha sonra işlem 30 saniye Daha.

b) Eklemek yarım ile ilgili the nohut ile the yiyecek işlemci Ve işlem için 1 dakika. Kazımak yanlar, eklemek geriye kalan nohut Ve işlem için 1 ile 2 dakika.

c) Aktar the Humus içine A tas Daha sonra çiseleyen yağmur hakkında 1 yemek kaşığı ile ilgili zeytin yağ üzerinde the tepe Ve serpmek ile kırmızı biber.

20.Temellere Dönüş Humus

İÇİNDEKİLER:

- 3 ile 4 sarımsak karanfiller
- 1 1/2 bardak pişmiş veya 1 (15,5 ons) olabilmek nohut, süzülmüş Ve durulanmış
- 1 bardak meyve suyu ile ilgili 1 limon
- 1/2 çay kaşığı tuz
- 1/8 çay kaşığı zemin kırmızı biber
- 2 yemek kaşığı zeytin yağ
- Tatlı veya füme kırmızı biber, için garnitür

TALİMATLAR:

a) İçinde A yiyecek işlemci, işlem the sarımsak değin incecik kıyılmış. Eklemek the nohut Ve tahin Ve işlem değin düz. Eklemek the limon Meyve suyu, tuz ile tatmak, Ve kırmızı biber Ve işlem değin Peki birleştirildi.

b) İle the makine koşma, aktarım içinde the yağ Ve işlem değin düz.

c) Tatmak, ayarlama baharatlar eğer gerekli. Aktar ile A orta tas Ve serpmek ile kırmızı biber ile sert. Eğer Olumsuz kullanarak Sağ uzak, kapak Ve buzdolabında saklamak değin ihtiyaç vardı.

ç) Düzgün bir şekilde saklanmış BT irade kale içinde the buzdolabı için yukarı ile 4 günler.

21.Kavrulmuş Kırmızı Biberli Humus

İÇİNDEKİLER:

- 2 sarımsak karanfiller, ezilmiş
- 1 1/2 bardak pişmiş veya 1 (15,5 ons) olabilmek nohut, süzülmüş Ve durulanmış
- 2 kavrulmuş kırmızı biberler
- 1 yemek kasigi taze kireç Meyve suyu
- Tuz
- Zemin kırmızı biber

TALİMATLAR:

a) İçinde A yiyecek işlemci, işlem the sarımsak değin incecik kıyılmış. Eklemek the nohut Ve kırmızı biber Ve işlem değin düz.

b) Eklemek the kireç Meyve suyu Ve tuz Ve kırmızı biber ile tatmak. İşlem değin Peki harmanlanmış. Tatmak, ayarlama baharatlar eğer gerekli.

c) Aktar ile A orta tas Ve sert. Eğer Olumsuz kullanarak Sağ uzak, kapak Ve buzdolabında saklamak değin ihtiyaç vardı. Düzgün bir şekilde saklanmış, BT irade kale için yukarı ile 3 günler.

22.Beyaz Fasulye ve Dereotu Humus

İÇİNDEKİLER:
- 2 sarımsak karanfiller, ezilmiş
- 1 1/2 bardak pişmiş veya 1 (15,5 ons) olabilmek beyaz fasulye, çok gibi Harika Kuzey, süzülmüş Ve durulanmış
- 2 yemek kaşığı taze limon Meyve suyu
- 1/4 bardak taze dere otu veya 2 yemek kaşığı kurutulmuş
- 1/8 çay kaşığı zemin kırmızı biber
- 2 yemek kaşığı zeytin yağ

TALİMATLAR:
a) İçinde A yiyecek işlemci, işlem the sarımsak değin incecik kıyılmış. Eklemek the nohut Ve tahin Ve işlem değin düz. Eklemek the limon Meyve suyu, dere otu, tuz, Ve kırmızı biber Ve işlem değin Peki harmanlanmış.

b) İle the makine koşma, aktarım içinde the yağ Ve işlem değin düz. Tatmak, ayarlama baharatlar eğer gerekli. Aktar ile A orta tas Ve kapak Ve buzdolabında saklamak 2 saat önce hizmet ediyor. tatlar geliştirmek Ve yoğunlaştırmak eğer yapılmış ilerde. Düzgün bir şekilde saklanmış, BT irade kale için yukarı ile 3 günler.

23.Dumanlı Chipotle-Pinto Humus

İÇİNDEKİLER:

- 1 sarımsak karanfil, ezilmiş
- 1 1/2 bardak pişmiş veya 1 (15,5 ons) olabilmek pinto fasulye, süzülmüş Ve durulanmış
- 2 çay kaşığı taze kireç Meyve suyu
- Tuz Ve taze zemin siyah biber
- 1 yemek kasigi incecik kıyılmış yeşil soğanlar, için garnitür

TALİMATLAR:

a) İçinde A yiyecek işlemci, işlem the sarımsak değin incecik kıyılmış. Eklemek the fasulye Ve çipot Ve işlem değin düz. Eklemek the kireç Meyve suyu Ve tuz Ve biber ile tatmak. İşlem değin Peki harmanlanmış.

b) Aktar ile A orta tas Ve serpmek ile the yeşil soğanlar. Sert Sağ uzak veya kapak Ve buzdolabında saklamak için 1 ile 2 saat ile izin vermek the tatlar ile yoğunlaşmak.

c) Düzgün bir şekilde saklanmış, BT irade kale için yukarı ile 3 günler.

24.Kuzey Hindistan Humus

İÇİNDEKİLER:

- 2 bardak (396 G) pişmiş tüm fasulye veya mercimek
- Meyve suyu ile ilgili 1 orta limon
- 1 karanfil sarımsak, soyulmuş, kesilmiş Ve kabaca doğranmış
- 1 çay kaşığı kaba deniz tuz
- 1 çay kaşığı zemin siyah biber
- ½ çay kaşığı Kavrulmuş Zemin Kimyon
- ½ çay kaşığı zemin Kişniş
- ¼ bardak (4 G) doğranmış taze Kişniş
- ⅓ bardak (79 mL) artı 1 yemek kasigi zeytin yağ
- 1–4 yemek kaşığı (15–60 mL) su
- ½ çay kaşığı kırmızı biber, için garnitür

TALİMATLAR:

a) İçinde A yiyecek işlemci, birleştirmek the fasulye veya mercimek, limon Meyve suyu, sarımsak, tuz, siyah biber, kimyon, Kişniş, Ve Kişniş. İşlem değin Peki karışık.

b) İle the makine Hala koşma, eklemek the yağ. Devam etmek ile işlem değin the karışım dır-dir kremsi Ve düz, ekleme su gibi gerekli, 1 yemek kasigi en A zaman.

25.Ekstra pürüzsüz humus

İÇİNDEKİLER:

- 2 (14 ons) kutular nohut
- 2 sarımsak karanfiller, parçalanmış
- ¼ çay kaşığı zemin kimyon
- Meyve suyu ile ilgili 1 limon, artı Daha gibi gerekli
- ½ bardak tahin
- 2 yemek kaşığı bakire zeytin yağ, artı Daha için hizmet
- pul pul deniz tuz
- Tost çam Fındık, için hizmet (isteğe bağlı)

TALİMATLAR:

a) İçinde the basınç Ocak tencere, birleştirmek the nohut, the sıvı itibaren the kutular, Ve the sarımsak. Kilit the kapak içinde yer Ve aşçı Açık yüksek basınç için 10 dakika. Hızlı veya doğal serbest bırakmak, Daha sonra açık Ne zaman the basınç azalır.

b) Rezerv ½ bardak ile ilgili the yemek pişirmek sıvı Ve boşaltmak the dinlenmek. Aktar the nohut Ve sarımsak ile A yiyecek işlemci Ve nabız değin çoğunlukla düz, hakkında 3 dakika. Eklemek the kimyon, limon Meyve suyu, tahin, Ve zeytin yağ Ve nabız ile birleştirmek, hakkında 1 dakika. Sırasında püre yapma, yavaşça eklemek the rezerve yemek pişirmek sıvı, 1 yemek kasigi en A zaman, değin senin İstenen tutarlılık dır-dir ulaşmış. Tatmak Ve eklemek tuz gibi ihtiyaç vardı.

c) Kaşık the Humus içine A tas. Sert ile zeytin yağ Ve tost çam Fındık, eğer İstenen. Mağaza the Humus buzdolabında içinde BİR hava geçirmez konteyner için yukarı ile 1 hafta.

26.Soya fasulyesi humusu

İÇİNDEKİLER:
- 1 bardak Kuru soya fasulye - batırılmış Ve süzülmüş
- 3 yemek kaşığı Limon Meyve suyu
- ¼ bardak zeytin yağ
- 2 yemek kaşığı Kıyılmış taze maydanoz
- 1 Sarımsak karanfil
- Tuz Ve biber

TALİMATLAR:
a) Püre tüm malzemeler içinde A yiyecek işlemci değin düz.
b) Eğlence.

27.Körili Nohut Humus

İÇİNDEKİLER:
- 1/2 bardak kuru nohut; batırılmış
- 1 koy yaprak
- 1/4 çay kaşığı toz haline getirilmiş kimyon
- 1/4 demet Maydanoz; doğranmış.
- 1/4 çay kaşığı kırmızı biber
- 2 sarımsak karanfiller
- 1 Yemek kasigi tahin
- 1/2 limon; suyu sıkılmış
- 1/4 çay kaşığı deniz tuz
- 1 Yemek kasigi zeytin yağ

TALİMATLAR:
a) İçinde BİR Ani Tencere, birleştirmek 3 bardak su, nohut, koy yaprak, Ve sarımsak karanfiller.

b) Kapalı the ani tencere kapak Ve aşçı Açık yüksek basınç için 18 dakika.

c) Yapmak A Doğal serbest bırakmak Ve açık the ani tencere kapak Ne zaman BT bip sesi.

ç) Kaldırmak the koy yaprak Ve gerilmek the pişmiş nohut.

d) Sote için 2 dakika içinde the Ani Tencere ile the yağ Ve the ek olarak içindekiler. Karışım.

e) Birleştir tüm malzemeler içinde A karıştırma tas Ve sert.

28.Kırmızı Biberli Humus (Fasulyesiz)

İÇİNDEKİLER:

- ½ bardak susam tohumlar, zemin içine A pudra
- 2 çay kaşığı doğranmış sarımsak
- 1 çay kaşığı deniz tuz
- 2 bardak tohumlanmış Ve doğranmış kırmızı zil biber
- 1/3 bardak tahin
- ¼ bardak limon Meyve suyu
- ½ çay kaşığı zemin kimyon

TALİMATLAR:

a) İçinde A yiyecek işlemci, işlem the susam tohumlar, sarımsak, Ve tuz içine küçük parçalar.
b) Eklemek the kalan malzemeler Ve işlem değin düz.
c) İrade kale için 2 günler içinde the buzdolabı.

29.Kabak Humus

İÇİNDEKİLER:
- 4 bardak kabak, doğranmış
- 3 yemek kaşığı sebzeli stoklamak
- ¼ bardak zeytin yağ
- Tuz Ve siyah biber ile the tatmak
- 4 sarımsak karanfiller, kıyılmış
- ¾ bardak susam tohumlar yapıştırmak
- ½ bardak limon Meyve suyu
- 1 yemek kasigi kimyon, zemin

TALİMATLAR:
a) Ayarlamak senin ani tencere Açık sote mod, eklemek yarım ile ilgili the yağ, sıcaklık BT yukarı, eklemek kabak Ve sarımsak, karıştırmak Ve aşçı için 2 dakika.
b) Eklemek stoklamak, tuz Ve biber, kapak tencere Ve aşçı Açık Yüksek için 4 dakika Daha.
c) Aktar kabak ile senin karıştırıcı, eklemek the dinlenmek ile ilgili the yağ, susam tohumlar yapıştırmak, limon Meyve suyu Ve kimyon, nabız Peki, Aktar ile kaseler Ve sert gibi A atıştırmalık.
ç) Eğlence!

30.Limon Soslu Humus Kawarma (Kuzu)

İÇİNDEKİLER:
KAWARMA
- 10½ ons / 300 G boyun fileto ile ilgili kuzu, incecik doğranmış ile el
- ¼ çay kaşığı taze zemin siyah biber
- ¼ çay kaşığı taze zemin beyaz biber
- 1 çay kaşığı zemin yenibahar
- ½ çay kaşığı zemin tarçın
- iyi Tutam ile ilgili taze rendelenmiş küçük hindistan cevizi
- 1 çay kaşığı ezilmiş kurutulmuş za'atar veya kekik yapraklar
- 1 yemek kaşığı beyaz şarap sirke
- 1 yemek kaşığı doğranmış nane
- 1 yemek kaşığı doğranmış düz yapraklı maydanoz
- 1 çay kaşığı tuz
- 1 yemek kaşığı tuzsuz tereyağı veya Ghee
- 1 çay kaşığı zeytin yağ

LİMON SOS
- ⅓ ons / 10 G düz yapraklı maydanoz, incecik doğranmış
- 1 yeşil şili, incecik doğranmış
- 4 yemek kaşığı taze sıkılmış limon Meyve suyu
- 2 yemek kaşığı beyaz şarap sirke
- 2 karanfiller sarımsak, ezilmiş
- ¼ çay kaşığı tuz

TALİMATLAR:

a) İle yapmak the kawarma, yer Tümü içindekiler ayrı itibaren the tereyağı veya Ghee Ve yağ içinde A orta tas. Karışım Peki, kapak, Ve izin vermek the karışım ile terbiye etmek içinde the buzdolabı için 30 dakika.

b) Sadece önce Sen öyle hazır ile aşçı the et, yer Tümü içindekiler için the limon Sos içinde A küçük tas Ve karıştırmak Peki.

c) Sıcaklık the tereyağı veya Ghee Ve the zeytin yağ içinde A büyük kızartma tava üzerinde orta-yüksek sıcaklık. Eklemek the et içinde iki veya üç partiler Ve karıştırmak gibi Sen yağda kızartmak her biri grup için 2 dakika. et meli olmak ışık pembe içinde the orta.

ç) Bölmek the Humus arasında 6 bireysel sığ kaseler, ayrılmak A hafif oyuk içinde the merkez ile ilgili her biri. Kaşık the ılık kawarma içine the oyuk Ve dağılım ile the rezerve nohut. Çiseleyen yağmur Cömertçe ile the limon Sos Ve garnitür ile bazı maydanoz Ve the çam Fındık.

31.Musabaha & kızarmış pide

İÇİNDEKİLER:
- 1¼ bardak / 250 G kurutulmuş nohut
- 1 çay kaşığı pişirme soda
- 1 yemek kaşığı zemin kimyon
- 4½ yemek kaşığı / 70 G ışık tahin yapıştırmak
- 3 yemek kaşığı taze sıkılmış limon Meyve suyu
- 1 karanfil sarımsak, ezilmiş
- 2 yemek kaşığı buz soğuğu su
- 4 küçük pide (4 ons / 120 G içinde Toplam)
- 2 yemek kaşığı zeytin yağ
- 2 yemek kaşığı doğranmış düz yapraklı maydanoz
- 1 çay kaşığı tatlı kırmızı biber
- tuz Ve taze zemin siyah biber

TAHİN SOS
- 5 yemek kaşığı / 75 G ışık tahin yapıştırmak
- ¼ bardak / 60 ml su
- 1 yemek kaşığı taze sıkılmış limon Meyve suyu
- ½ karanfil sarımsak, ezilmiş

LİMON SOS
- ⅓ ons / 10 G düz yapraklı maydanoz, incecik doğranmış
- 1 yeşil şili, incecik doğranmış
- 4 yemek kaşığı taze sıkılmış limon Meyve suyu
- 2 yemek kaşığı beyaz şarap sirke
- 2 karanfiller sarımsak, ezilmiş
- ¼ çay kaşığı tuz

TALİMATLAR:
a) Takip etmek the Temel Humus yemek tarifi için the yöntem ile ilgili ıslatma Ve yemek pişirmek the nohut, Ancak aşçı onlara A biraz az; Onlar meli sahip olmak A biraz rezistans sol içinde onlara Ancak Hala olmak tamamen pişmiş. Boşaltmak the pişmiş nohut, rezervasyon ⅓ bardak / 450 G) ile the rezerve yemek pişirmek su, the kimyon, ½ çay kaşığı tuz, Ve ¼ çay kaşığı biber. Kale the karışım ılık.

b) Yer the geriye kalan nohut (1 bardak / 150 G) içinde A küçük yiyecek işlemci Ve işlem değin Sen elde etmek A katı yapıştırmak.

Daha sonra, ile the makine Hala koşma, eklemek the tahin yapıştırmak, limon Meyve suyu, sarımsak, Ve ½ çay kaşığı tuz. Nihayet, yavaşça çiseleyen yağmur içinde the buzlu su Ve karışım için hakkında 3 dakika, değin Sen elde etmek A çok düz Ve kremsi yapıştırmak. Ayrılmak the Humus ile bir taraf.

c) Sırasında the nohut öyle yemek pişirmek, Sen olabilmek hazırlanmak the diğer elementler ile ilgili the tabak. İçin the tahin Sos, koymak Tümü içindekiler Ve A Tutam ile ilgili tuz içinde A küçük tas. Karışım Peki Ve eklemek A biraz Daha su eğer gerekli ile elde etmek A tutarlılık biraz koşucu hariç Bal.

ç) Sonraki, karışım birlikte Tümü içindekiler için the limon Sos, Ve ayarlamak bir kenara.

d) Nihayet, açık yukarı the pide, yırtılma the iki taraflar ayrı. Yer altında A sıcak piliç için 2 dakika, değin altın Ve tamamen kuru. İzin vermek ile Serin aşağı önce son Dakika içine tuhaf şekilli parçalar.

e) Bölmek the Humus arasında dört bireysel sığ kaseler; yapma seviye BT veya basmak BT aşağı, Sen istek the yükseklik. Kaşık üzerinde the ılık nohut, takip etti ile the tahin Sos, the limon Sos, Ve A çiseleyen yağmur ile ilgili zeytin yağ. Garnitür ile the maydanoz Ve A serpmek ile ilgili kırmızı biber Ve sert, eşlik etti ile the tost pide parçalar.

32.Gerçek Humus

İÇİNDEKİLER:

- 19oz garbanzo fasulye, yarım the sıvı rezerve
- 2 yemek kaşığı tahin
- 2 karanfiller sarımsak, bölünmüş
- 4 yemek kaşığı sebze et suyu
- 4 yemek kaşığı limon Meyve suyu
- 1 çay kaşığı tuz
- Siyah biber ile tatmak

TALİMATLAR:

a) Başlamak ile doğrama the sarımsak, Daha sonra birleştirmek BT ile the garbanzo fasulye içinde A karıştırıcı Ve nabız. Rezerv 1 yemek kasigi ile ilgili garbanzo fasulye için garnitür.

b) İçinde the karıştırıcı, karışım the rezerve sıvı, tahin limon Meyve suyu, Ve tuz. Karışım the karışım değin BT dır-dir düz Ve kremsi.

c) Yarım dolum A hizmet tas ile the karışım.

ç) Mevsim ile biber Ve dökün içinde the sebze et suyu. Garnitür ile garbanzo fasulye eğer İstenen.

33.Enginar humusu

İÇİNDEKİLER:
- 2 bardak Pişmiş garbanzo fasulye
- 1 bardak Enginar kalpler
- 6 Karanfiller sarımsak
- 2 Limonlar
- ½ çay kaşığı Kırmızı biber
- ½ çay kaşığı Kimyon
- ½ çay kaşığı Kaşer tuz
- ½ çay kaşığı Beyaz biber
- Bakir zeytin yağ

TALİMATLAR:
a) Meyve suyu the Limonlar. Birleştir tüm malzemeler Ancak the yağ içinde the tas ile ilgili A yiyecek işlemci, dönüş Açık, Ve yavaşça çiseleyen yağmur içinde zeytin yağ gibi içindekiler öyle yapı işlenmiş ile A kremsi tutarlılık.

34.Beyaz fasulye humuslu kereviz

İÇİNDEKİLER:

- ¼ pound durulanmış süzülmüş konserve beyaz böbrek; (cannellini) fasulye
- 1 yemek kasigi Tahin; (susam yapıştırmak)
- 2 çay kaşığı Kıyılmış arpacık soğanı
- 2 çay kaşığı Taze sıkılmış limon Meyve suyu
- ¼ çay kaşığı Sarımsak pudra
- 1 kısa çizgi Biber
- 1 yemek kasigi İncecik doğranmış taze Dereotu VEYA 1/2 çay kaşığı kurutulmuş dereotu
- 2 ortamlar Kereviz pirzola kesmek içine on 2\" parçalar

TALİMATLAR:

a) Basitçe Işık Yemek pişirmek İçinde yiyecek işlemci, birleştirmek tüm malzemeler hariç Dereotu Ve kereviz Ve işlem değin karışım benziyor A düz yapıştırmak. Karıştırmak içinde Dereotu. Yaymak BİR eşit miktar ile ilgili fasulye karışım üzerine her biri parça ile ilgili kereviz.

35.Egzotik fasulye humusu

İÇİNDEKİLER:

- 2 bardak Pişmiş beyaz fasulye
- 1 yemek kasigi Tahin; (susam tereyağı)
- 1 yemek kasigi Kıyılmış sarımsak
- 3 yemek kaşığı Taze limon Meyve suyu
- 2 yemek kaşığı Kıyılmış maydanoz
- 1 çay kaşığı Kıyılmış nane; isteğe bağlı
- 1 çay kaşığı Tüm tahıl hardal
- ¼ çay kaşığı Sıcak biber susam yağ; veya ile tatmak
- Tuz; ile tatmak
- Taze çekilmiş siyah biber; ile tatmak

TALİMATLAR:

a) İçinde A yiyecek işlemci veya karıştırıcı eklemek Tümü içindekiler hariç the susam yağ Ve tuz Ve biber Ve işlem değin düz. Eklemek the sıcak susam yağ Ve the tuz Ve biber ile tatmak Ve birleştirmek ile A çift ile ilgili kısa patlamalar.

b) İnce eğer İstenen ile bazı ile ilgili the fasulye yemek pişirmek sıvı, su veya yağlı süt.

c) Mağaza kapalı içinde buzdolabı için yukarı ile 5 günler. Bu yemek tarifi Makes hakkında 2 bardak ile ilgili Humus.

36.Tatil humusu

İÇİNDEKİLER:

- 2 ortamlar Karanfiller ile ilgili sarımsak; (yukarı ile 3)
- 1 demet Taze maydanoz
- 2 büyükler Taze soğan; kesmek içine 1 inç parçalar
- 2 kutular (15-1/2 oz) piliç bezelye; durulanmış Ve süzülmüş
- 6 yemek kaşığı Tahin
- 6 yemek kaşığı Taze limon Meyve suyu
- 1 çay kaşığı Tuz

TALİMATLAR:

a) Koymak sarımsak, maydanoz, Ve taze soğan içinde A yiyecek işlemci, Ve kıyma.

b) Eklemek the piliç bezelye, tahin, limon Meyve suyu, Ve tuz, Ve püre ile A kalın yapıştırmak.

c) Mağaza içinde A sıkı kapalı depolamak konteyner Ve buzdolabında saklayın.

37. Güneşte kurutulmuş domates ve kişnişli humus

İÇİNDEKİLER:
- 2½ bardak Pişmiş nohut (1 bardak kurutulmuş), süzülmüş (rezerv bazı ile ilgili the sıvı) -veya-
- 1 Olabilmek, (15 ons) süzülmüş (rezerv bazı ile ilgili the sıvı)
- 3 büyükler Sarımsak karanfiller, incecik doğranmış (veya ile tatmak)
- ¼ bardak Limon Meyve suyu
- 3 yemek kaşığı zeytin yağ -veya-
- 2 yemek kaşığı zeytin yağ -Ve-
- 1 yemek kasigi Acı biber aromalı zeytin yağ
- 3 yemek kaşığı Susam tahin
- ¼ bardak Ova az yağlı veya yağsız yoğurt (Daha eğer gerekli)
- ½ çay kaşığı Kimyon
- 3 Güneşte kurutulmuş domates içinde yağ, doğranmış kabaca (yukarı ile 4)
- ¼ bardak Taze Kişniş, incecik doğranmış
- Tuz
- 1 kısa çizgi kırmızı biber biber, veya ile tatmak (isteğe bağlı)
- Bazı incecik doğranmış taze Kişniş için garnitür

TALİMATLAR:
a) Kesmek the sarımsak içinde A yiyecek işlemci donatılmış ile the çelik bıçak ağzı. Eklemek the nohut. İşlem için hakkında A dakika, değin the nohut öyle doğranmış Ve unlu.

b) Eklemek the limon Meyve suyu, zeytin yağ, tahin, yarım ile ilgili the yoğurt Ve A kısa çizgi ile ilgili kırmızı biber biber. İşlem değin düz. İnce dışarı gibi İstenen ile the geriye kalan yoğurt Ve bazı ekstra zeytin yağ. karışım meli olmak düz Ancak Olumsuz akıcı. Eğer the karışım öyle gibi fazla kuru, eklemek A biraz ile ilgili the rezerve sıvı itibaren the nohut veya A biraz Daha yağ.

c) Kaldırmak karışım itibaren the yiyecek işlemci Ve yer içinde tas. Karıştırmak içinde the doğranmış güneşte kurutulmuş domates Ve the incecik doğranmış Kişniş. Tatmak Ve ayarlamak baharatlar. Garnitür ile the ekstra doğranmış Kişniş.

ç) Sert ile çiğ sebzeler ve/veya pide ekmek dilimlenmiş içine üçgensel takozlar.

38.Kızartılmış çam fıstığı ve maydanoz yağı ile humus

İÇİNDEKİLER:

- ¼ bardak Paketlenmiş taze düz yapraklı maydanoz sürgün
- ; artı 2 ile 3 ek olarak sürgün
- ¾ bardak sızma zeytin yağ
- 3 yemek kaşığı Çam Fındık
- 1 çay kaşığı Kimyon tohumlar
- 2 kutular Nohut; (19 ons)
- 4 Sarımsak karanfiller
- ⅔ bardak İyi karıştırılmış tahin*; (Orta Doğu
- ; susam yapıştırmak)
- ⅔ bardak su
- 5 yemek kaşığı Taze limon Meyve suyu
- 1 çay kaşığı Tuz
- Tost pide cips

TALİMATLAR:

a) Ön ısıtma fırın ile 350 derece.
b) İçinde A karıştırıcı veya küçük yiyecek işlemci püre ¼ bardak maydanoz ile ¼ bardak yağ. Dökün karışım başından sonuna kadar A iyi Elek ayarlamak üzerinde A tas, basma zor Açık katılar, Ve atmak katılar.
c) İçinde A küçük pişirme tava kızarmış ekmek çam Fındık Ve kimyon tohumlar, karıştırma ara sıra, değin Fındık öyle altın, hakkında 10 dakika.
ç) İçinde A kevgir durulmak Ve boşaltmak nohut Ve içinde A yiyecek işlemci püre ½ bardak ile sarımsak değin sarımsak dır-dır incecik kıyılmış.
d) Eklemek tahin, su, limon Meyve suyu, tuz, geriye kalan nohut, Ve geriye kalan ½ bardak zeytin yağ Ve püre değin düz. Yemek tarifi mayıs olmak tedarikli yukarı ile Bu nokta 3 günler ilerde.
e) Kale Humus Ve maydanoz yağ soğutulmuş, kapalı, Ve çam Fındık Ve kimyon tohumlar içinde BİR hava geçirmez konteyner en oda sıcaklık. Getirmek maydanoz yağ ile oda sıcaklık önce kullanarak.
f) Şerit yapraklar itibaren ek olarak maydanoz sürgün. Bölmek Humus arasında 2 sığ bulaşıklar Ve düz üstler. Çiseleyen yağmur Humus ile maydanoz yağ Ve serpmek ile maydanoz, çam Fındık, Ve kimyon tohumlar.
g) Sert Humus ile pide kadeh kaldırmak.

39. Balkabağı ve narlı humus

İÇİNDEKİLER:

- 1 bardak Pişmiş nohut
- 1 bardak Kabak, pişmiş Ve püre, veya konserve kabak
- 2 yemek kaşığı Tahin, köken isminde için 1/3 bardak
- ¼ bardak Taze maydanoz, kıyılmış
- 3 Karanfiller sarımsak, kıyılmış
- 2 Narlar

TALİMATLAR:

a) pide ekmek, bölmek Ve ısındı, veya diğer kraker, ekmek, sebzeler
b) Püre the nohut, kabak, tahin, maydanoz, Ve sarımsak değin düz.
c) Aktar ile A hizmet plaka.
ç) Ekmek açık the nar Ve ayırmak the tohumlar itibaren the iç membran. Serpmek O tohumlar üzerinde the Humus hizmet etmek soğutulmuş veya en oda sıcaklık ile the pide veya diğer "kepçeler".

40.Domates soslu humus

İÇİNDEKİLER:
- 16 kutular Nohut
- 1 Limon
- 1 karanfil sarımsak
- ½ çay kaşığı Tahin
- 2 yemek kaşığı zeytin yağ
- ½ çay kaşığı Tuz
- 1 Soğan
- 1 Domates
- 1 bardak Kaba doğranmış maydanoz

TALİMATLAR:
a) Boşaltmak the nohut, rezervasyon ¼ bardak sıvı. Sıkmak the Meyve suyu itibaren the limon.

b) Kıyma the sarımsak, püre the nohut Ve rezerve sıvı, limon Meyve suyu, sarımsak, tahin, yağ Ve tuz içinde A yiyecek işlemci değin çok düz.

c) Kesmek the soğan Ve domates Ve atmak ile the maydanoz. Koymak the Humus Açık A plaka Ve düzenlemek the zevk Sonraki ile BT.

ç) Çiseleyen yağmur the Humus ile ek olarak zeytin yağ.

41.Az yağlı humus sosu

İÇİNDEKİLER:
- 1 olabilmek (16 oz) garbanzo fasulye; nohut
- 1 çay kaşığı Tahin
- 1 çay kaşığı sızma zeytin yağ
- 1 çay kaşığı Kıyılmış sarımsak
- 1 yemek kasigi su
- ¼ çay kaşığı Biber
- 2 çay kaşığı Taze limon Meyve suyu
- kırmızı biber biber ile tatmak
- ½ çay kaşığı Kimyon
- ⅛ çay kaşığı Tuz
- 2 Sert haşlanmış yumurtalar; yumurta sarısı kaldırıldı
- 2 yemek kaşığı Kıyılmış siyah zeytin
- 1 Delikanlı maydanoz

TALİMATLAR:
a) Boşaltmak Ve durulmak the garbanzo fasulye. Denemek ile kaldırmak gibi fazla ile ilgili the gevşetmek dış kapsayan ile ilgili the fasulye sırasında the durulama işlem gibi olası. At bunlar dış kaplamalar. İşlem tüm malzemeler hariç the yumurtalar, zeytin, Ve maydanoz içinde A karıştırıcı veya yiyecek işlemci değin düz. Yer içinde A hizmet tabak.

b) Kaldırmak the Yumurta yumurta sarısı Ve kaydetmek için bir diğer yemek tarifi veya atın. Kesmek the Yumurta beyazlar içine küçük parçalar, karışım ile the zeytin, Ve serpmek üzerinde the daldırma.

c) Garnitür ile maydanoz ile sert.

42.Saskatchewan humusu

İÇİNDEKİLER:

- ¼ bardak Fıstık tereyağı
- ½ çay kaşığı Kimyon
- ½ çay kaşığı Tuz
- 2 karanfiller Sarımsak
- 2 yemek kaşığı Limon Meyve suyu
- 3 yemek kaşığı ;sıcak su
- 1 çay kaşığı Susam yağ
- 2½ bardak Sarı bölmek bezelye; pişmiş
- Taze maydanoz
- Yer fıstığı; isteğe bağlı
- Siyah zeytin; isteğe bağlı

En Humus yemek tarifleri başlangıç ile Garbanzo fasulye; Bu varyasyon kullanır sarı bölmek bezelye Ve A biraz fıstık tereyağı.

TALİMATLAR:

a) Birleştir fıstık tereyağı, kimyon, tuz Ve sarımsak. Eklemek limon Meyve suyu, sıcak su Ve susam yağ; karışım iyice. Püre the bölmek bezelye; eklemek fıstık tereyağı Ve karışım. Garnitür ile maydanoz Ve isteğe bağlı olarak doğranmış yer fıstığı veya dilimlenmiş siyah zeytin. Sert ile pide ekmek Ve taze sebzeler için daldırma.

43. Pestolu humus

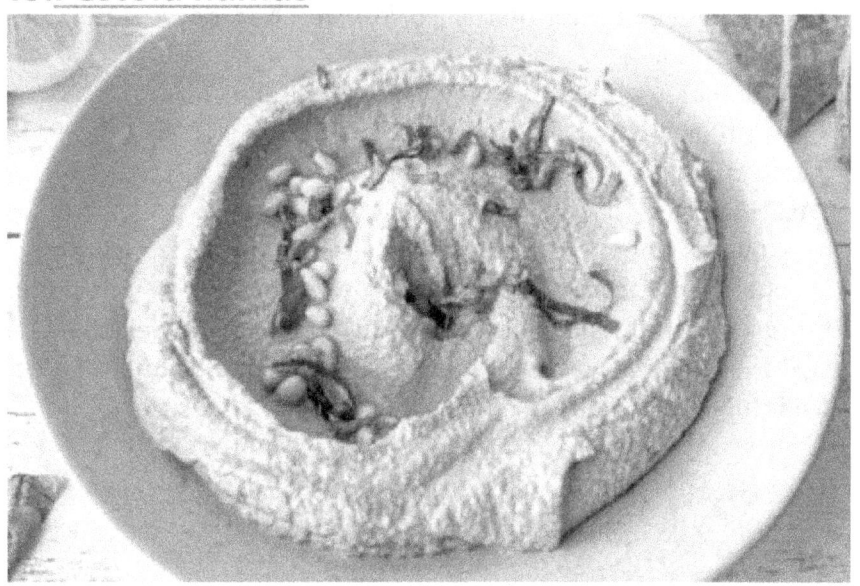

İÇİNDEKİLER:

- 1 olabilmek Nohut (garbanzo fasulye), Neredeyse süzülmüş (kale Meyve suyu)
- 2 demet Reyhan (veya Bu yüzden), doğranmış.
- ½ Limon suyu sıkılmış

TALİMATLAR:

a) Koymak nohut, reyhan, Ve bazı ile ilgili the limon içine tas. Püre kullanarak karıştırıcı. Eklemek limon Meyve suyu değin tutarlılık Ve tatmak öyle hoş. Eğer Hala fazla kalın, Sen olabilmek eklemek bazı ile ilgili the artık Meyve suyu itibaren the nohut olabilmek. Sert gibi A daldırma veya kullanmak gibi A yaymak Açık taze ekmek.

44.Kremalı Karnabahar Humus

İÇİNDEKİLER:
- 1 karnabahar KAFA, kesmek içine çiçekler
- 2 yemek kaşığı taze kireç Meyve suyu
- 1 çay kaşığı sarımsak, doğranmış
- 1/3 bardak tahin
- 3 yemek kaşığı zeytin yağ
- Biber
- Tuz

TALİMATLAR:
a) Yaymak karnabahar üzerine the çarşaf tava.
b) Seçme pişmek mod Daha sonra ayarlamak the sıcaklık ile 400 °F Ve zaman için 35 dakika. Basmak başlangıç.
c) Bir kere the Hava Fritöz Fırın dır-dir önceden ısıtılmış Daha sonra yer the çarşaf tava içine the fırın.
ç) Aktar karnabahar içine the yiyecek işlemci. Eklemek kalan malzemeler Ve işlem değin düz.
d) Sert Ve Eğlence.

45.Kavrulmuş havuç humusu

İÇİNDEKİLER:
- 1 olabilmek ile ilgili nohut, durulanmış Ve boşaltıldı.
- 3 havuçlar.
- 1 karanfil sarımsak.
- 1 çay kaşığı ile ilgili kırmızı biber.
- 1 yüklendi yemek kasigi ile ilgili tahin.
- Meyve suyu ile ilgili 1 limon
- 2 yemek kaşığı ile ilgili ek olarak bakir zeytin yağ.
- 6 yemek kaşığı ile ilgili su.
- ½ çay kaşığı kimyon pudra.
- Tuz ile tatmak.

TALİMATLAR:
a) Ön ısıtma the fırın ile 400° F. Yıkamak Ve soymak the havuçlar Ve kesmek onlara içine biraz parçalar, koymak onlara Açık A pişirme tepsi ile A çiseleyen yağmur ile ilgili zeytin yağ, A Tutam ile ilgili tuz Ve yarım A çay kaşığı ile ilgili kırmızı biber. Pişmek için hakkında 35 dakika yukarı değin the havuç dır-dir yumuşak.

b) Almak onlara dışarı ile ilgili the fırın Ve izin vermek Serin.

Sırasında Onlar Serin, hazırlanmak the Humus: yıkamak Ve boşaltmak Peki the nohut Ve koymak onlara içinde A yiyecek değirmen ile the dinlenmek ile ilgili the aktif içindekiler Ve prosedür değin Sen Görmek A iyi kombine karışım. Daha sonra eklemek the havuçlar Ve the sarımsak Ve prosedür Tekrar!

BABA GANUŞ

46.Baba Ganuş

İÇİNDEKİLER:

- 1 Büyük patlıcan
- Bir avuç maydanoz
- 1-2 diş sarımsak
- 2 limonun suyu
- 2 yemek kaşığı tahin
- Tatmak için tuz ve karabiber

TALİMATLAR:

a) Izgarayı orta-yüksek ateşte önceden ısıtın ve patlıcanı bütün olarak yaklaşık yarım saat pişirin.
b) Kesip içini bir kaşıkla kazıyın, ardından eti bir süzgecin içine koyun.
c) Pürüzsüz olana kadar karıştır.

47.Dumanlı Közlenmiş Patlıcan Sosu

İÇİNDEKİLER:

- 3 küre patlıcan (toplamda yaklaşık 3 pound veya 1,35 kg)
- 1 kırmızı soğan, soyulmamış
- 2 diş sarımsak, doğranmış
- ¼ bardak (60 ml) zeytinyağı, ayrıca üzerine serpmek için daha fazlası
- ¾ çay kaşığı koşer tuzu ve baharat için daha fazlası
- ¼ su bardağı (60 gr) tahin
- 2 yemek kaşığı (30 ml) taze limon suyu
- ¼ çay kaşığı öğütülmüş kimyon
- Bir avuç kıyılmış taze maydanoz ve süslemek için biraz daha
- Süslemek için sumak

TALİMATLAR:

a) Bir ateş çukurunda tek seviyeli sıcak bir ateş hazırlayın ve kömürleri en az 2 inç (5 cm) derinliğinde düz, tekdüze bir yatağa yayın.

b) Patlıcanların birkaç yerini çatalla delin.

c) Patlıcanları ve kırmızı soğanı doğrudan kömürlerin üzerine yerleştirin. Patlıcanlar çökene, etleri çok yumuşak olana ve kabukları tamamen kömürleşene kadar, patlıcanlar için yaklaşık 20 dakika ve soğan için 30 dakika kadar, ara sıra çevirerek ızgara yapın.

ç) Sebzeleri kesme tahtasına alıp soğumaya bırakın.

d) Patlıcanları uzunlamasına ikiye bölün. Eti çıkarın ve tel süzgecin içine yerleştirin. (Lezzet kattıkları için yanmış parçaların bir kısmını açık bırakmakta sorun yoktur.) En az 15 dakika süzülmeye bırakın, fazla sıvıyı serbest bırakmak için eti bir kaşığın arkasıyla gerektiği kadar ezin.

e) Bu arada soğanı kesip soyun. İri olarak doğrayıp mutfak robotuna aktarın. Sarımsak, zeytinyağı ve tuzu ekleyin. Parçalı bir püre haline getirin. Patlıcan, tahin, limon suyu ve kimyonu ekleyin. Malzemeler birleştirilene ancak yine de bir dokuya sahip olana kadar nabız atın. İsteğe göre tadın ve daha fazla tuz ekleyin.

f) Baba ghanoush'u orta boy bir kaseye aktarın ve maydanozu ekleyip karıştırın.

g) Servis yapmadan önce üzerine biraz zeytinyağı gezdirin, üzerine bir tutam Sumak serpin ve maydanozla süsleyin.

48. İtalyan Baba Ganuş

İÇİNDEKİLER:
- 4 büyük İtalyan patlıcan
- 2 diş ezilmiş sarımsak
- 2 çay kaşığı koşer tuzu veya tadı
- 1 limon, suyu sıkılmış veya tadı daha fazla
- 3 yemek kaşığı tahin veya isteğe göre daha fazlası
- 3 yemek kaşığı sızma zeytinyağı
- 2 yemek kaşığı sade Yunan yoğurdu
- 1 tutam acı biber veya tadı
- 1 yaprak taze nane, kıyılmış (İsteğe bağlı)
- 2 yemek kaşığı doğranmış taze İtalyan maydanozu

TALİMATLAR:
a) Orta-yüksek ısı için açık hava ızgarasını önceden ısıtın ve ızgarayı hafifçe yağlayın.
b) Patlıcan kabuğunun yüzeyini bıçağın ucuyla birkaç kez delin.
c) Patlıcanları doğrudan ızgaraya yerleştirin. Cildiniz kömürleşirken maşayla sık sık çevirin.
ç) Patlıcanlar çökene ve çok yumuşak olana kadar yaklaşık 25 ila 30 dakika pişirin.
d) Bir kaseye aktarın, alüminyum folyoyla sıkıca kapatın ve yaklaşık 15 dakika soğumaya bırakın.
e) Patlıcanlar elle tutulabilecek kadar soğuduğunda ikiye bölün ve etini bir kasenin üzerine yerleştirilmiş bir kevgir içine kazıyın.
f) 5 veya 10 dakika kadar süzün.
g) Patlıcanı bir karıştırma kabına aktarıp ezilmiş sarımsağı ve tuzu ekleyin.
ğ) Kremsi ama biraz dokulu olana kadar yaklaşık 5 dakika ezin.
h) Limon suyu, tahin, zeytinyağı ve kırmızı biberi çırpın.
ı) Yoğurtla karıştırın.
i) Kaseyi plastik ambalajla örtün ve tamamen soğuyuncaya kadar yaklaşık 3 veya 4 saat buzdolabında saklayın.
j) Baharatları ayarlamak için tadın.
k) Servis yapmadan önce kıyılmış nane ve kıyılmış maydanozu ekleyip karıştırın.

49.Pancar Baba Ganuş

İÇİNDEKİLER:

- 2 orta boy pancar, kavrulmuş ve soyulmuş
- 2 orta boy patlıcan, kavrulmuş ve soyulmuş
- 2 diş sarımsak, kıyılmış
- 2 yemek kaşığı tahin
- 1 limonun suyu
- 2 yemek kaşığı zeytinyağı
- Tatmak için biber ve tuz
- Kıyılmış taze maydanoz (süslemek için)

TALİMATLAR:

a) Fırınınızı 200°C'ye (400°F) önceden ısıtın. Pancarları tek tek alüminyum folyoya sarın ve yaklaşık 45-60 dakika veya yumuşayana kadar kızartın. Soğumalarını bekleyin, ardından soyun ve doğrayın.

b) Patlıcanları pancarların yanında yaklaşık 30-40 dakika veya kabukları kömürleşene ve eti yumuşayana kadar kızartın. Soğumalarını bekleyin, ardından soyun ve doğrayın.

c) Mutfak robotunda kavrulmuş pancarı, közlenmiş patlıcanı, kıyılmış sarımsağı, tahini, limon suyunu ve zeytinyağını birleştirin. Pürüzsüz olana kadar karıştır.

ç) Tatmak için tuz ve karabiber ekleyin. İstenirse ilave zeytinyağı veya tahin ile kıvamını ayarlayın.

d) Pancar baba gannuşunu servis kasesine aktarın ve servis yapmadan önce doğranmış taze maydanozla süsleyin.

e) Pide ekmeği, kraker veya dilimlenmiş sebzelerle tadını çıkarın.

50.Avokado Baba Ganuş

İÇİNDEKİLER:

- 2 olgun avokado
- 2 orta boy patlıcan, kavrulmuş ve soyulmuş
- 2 diş sarımsak, kıyılmış
- 2 yemek kaşığı tahin
- 1 misket limonunun suyu
- 2 yemek kaşığı zeytinyağı
- Tatmak için biber ve tuz
- Kıyılmış kişniş (garnitür için)

TALİMATLAR:

a) Bir mutfak robotunda olgun avokadoların etini, kavrulmuş ve soyulmuş patlıcanları, kıyılmış sarımsağı, tahini, limon suyunu ve zeytinyağını birleştirin. Pürüzsüz olana kadar karıştır.

b) Tatmak için tuz ve karabiber ekleyin. Gerekirse ilave zeytinyağı veya tahin ile kıvamını ayarlayın.

c) Avokado baba gannuşunu servis kasesine aktarın ve servis etmeden önce kıyılmış kişniş ile süsleyin.

ç) Daldırma için tortilla cipsi, kızarmış pide ekmeği veya sebze çubukları ile servis yapın.

51.Köri Baba Ganuş

İÇİNDEKİLER:
- 2 orta boy patlıcan, kavrulmuş ve soyulmuş
- 2 diş sarımsak, kıyılmış
- 2 yemek kaşığı tahin
- 1 limonun suyu
- 2 yemek kaşığı zeytinyağı
- 1 çay kaşığı köri tozu
- 1/2 çay kaşığı öğütülmüş kimyon
- 1/4 çay kaşığı öğütülmüş kişniş
- Tatmak için biber ve tuz
- Taze kişniş, doğranmış (garnitür için)

TALİMATLAR:
a) Bir mutfak robotunda kavrulmuş ve soyulmuş patlıcanları, kıyılmış sarımsağı, tahini, limon suyunu, zeytinyağını, köri tozunu, öğütülmüş kimyonu ve öğütülmüş kişnişi birleştirin. Pürüzsüz olana kadar karıştır.
b) Tatmak için tuz ve karabiber ekleyin. İstenirse baharatı veya kıvamı ek baharatlar, limon suyu veya zeytinyağıyla ayarlayın.
c) Körili baba gannuşunu servis kasesine aktarın ve servis yapmadan önce doğranmış taze kişnişle süsleyin.
ç) Daldırma için naan ekmeği, pide cipsleri veya sebze sosları ile servis yapın.

52.Ceviz Baba Ganuş

İÇİNDEKİLER:

- 2 orta boy patlıcan, kavrulmuş ve soyulmuş
- 1/2 bardak ceviz, kızarmış
- 2 diş sarımsak, kıyılmış
- 2 yemek kaşığı tahin
- 1 limonun suyu
- 2 yemek kaşığı zeytinyağı
- 1/4 çay kaşığı öğütülmüş kimyon
- Tatmak için biber ve tuz
- Kıyılmış taze maydanoz (süslemek için)

TALİMATLAR:

a) Közlenmiş ve soyulmuş patlıcanları, kızarmış cevizi, kıyılmış sarımsağı, tahini, limon suyunu, zeytinyağını ve çekilmiş kimyonu mutfak robotunda birleştirin. Pürüzsüz olana kadar karıştır.

b) Tatmak için tuz ve karabiber ekleyin. Gerekirse baharatı veya kıvamı ilave limon suyu veya zeytinyağıyla ayarlayın.

c) Servis yapmadan önce cevizli baba gannuşunu servis kasesine aktarın ve kıyılmış taze maydanozla süsleyin.

ç) Daldırma için krakerler, galeta çubukları veya sebze sosları ile servis yapın.

53.Közlenmiş Kırmızı Biber Baba Gannuş

İÇİNDEKİLER:

- 2 orta boy patlıcan, kavrulmuş ve soyulmuş
- 2 adet közlenmiş kırmızı biber, soyulmuş ve çekirdekleri çıkarılmış
- 2 diş sarımsak, kıyılmış
- 2 yemek kaşığı tahin
- 1 limonun suyu
- 2 yemek kaşığı zeytinyağı
- Bir tutam füme kırmızı biber
- Tatmak için biber ve tuz
- Kıyılmış taze fesleğen yaprakları (garnitür için)

TALİMATLAR:

a) Közlenmiş ve soyulmuş patlıcanları, közlenmiş kırmızı biberleri, kıyılmış sarımsakları, tahini, limon suyunu, zeytinyağını ve füme kırmızı biberi mutfak robotunda birleştirin. Pürüzsüz olana kadar karıştır.

b) Tatmak için tuz ve karabiber ekleyin. İstenirse baharatı veya kıvamı ilave limon suyu veya zeytinyağı ile ayarlayın.

c) Közlenmiş kırmızı biberli baba gannuşunu servis kasesine aktarın ve servis yapmadan önce doğranmış taze fesleğen yapraklarıyla süsleyin.

ç) Daldırma için pide cipsi, gözleme veya sebze çubukları ile servis yapın.

54.Nar Baba Ganuş

İÇİNDEKİLER:

- 2 orta boy patlıcan, kavrulmuş ve soyulmuş
- 1 narın tohumları
- 2 diş sarımsak, kıyılmış
- 2 yemek kaşığı tahin
- 1 limonun suyu
- 2 yemek kaşığı zeytinyağı
- Bir tutam toz tarçın
- Tatmak için biber ve tuz
- Kıyılmış taze nane yaprakları (süslemek için)

TALİMATLAR:

a) Bir mutfak robotunda kavrulmuş ve soyulmuş patlıcanları, bir narın çekirdeklerini, kıyılmış sarımsağı, tahini, limon suyunu, zeytinyağını ve öğütülmüş tarçını birleştirin. Pürüzsüz olana kadar karıştır.

b) Tatmak için tuz ve karabiber ekleyin. Gerekirse baharatı veya kıvamı ilave limon suyu veya zeytinyağıyla ayarlayın.

c) Narlı baba gannuşunu servis kasesine aktarın ve servis yapmadan önce doğranmış taze nane yapraklarıyla süsleyin.

ç) Kızartılmış pide ekmeği, lavaş krakerleri veya daldırma için sebze sosları ile servis yapın.

55.Patlıcan Ceviz Ezmesi

İÇİNDEKİLER:

- 2 yemek kaşığı zeytin yağ
- 1 küçük soğan, doğranmış
- 1 küçük patlıcan, soyulmuş Ve kesmek içine -inç zar
- 2 sarımsak karanfiller, doğranmış
- çay kaşığı tuz
- 1/8 çay kaşığı zemin kırmızı biber
- bardak doğranmış ceviz
- 1 yemek kasigi taze kıyılmış reyhan
- 2 yemek kaşığı vegan mayonez
- 2 yemek kaşığı doğranmış taze maydanoz, için garnitür

TALİMATLAR:

a) İçinde A büyük tava, sıcaklık the yağ üzerinde orta sıcaklık. Eklemek the soğan, patlıcan, sarımsak, tuz, Ve kırmızı biber. Kapak Ve aşçı değin yumuşak, hakkında 15 dakika. Karıştırmak içinde the ceviz Ve reyhan Ve ayarlamak bir kenara ile Serin.

b) Aktar the soğutulmuş patlıcan karışım ile A yiyecek işlemci. Eklemek the mayonez Ve işlem değin düz. Tatmak, ayarlama baharatlar eğer gerekli, Ve Daha sonra Aktar ile A orta tas Ve garnitür ile the maydanoz.

c) Eğer Olumsuz kullanarak Sağ uzak, kapak Ve buzdolabında saklamak değin ihtiyaç vardı.

ç) Düzgün bir şekilde saklanmış, BT irade kale için yukarı ile 3 günler.

GUACAMOLE

56.Sarımsaklı Guacamole

İÇİNDEKİLER:
- 2 avokado, çekirdekleri çıkarılmış
- 1 adet domates, çekirdekleri çıkarılmış ve ince doğranmış
- ½ yemek kaşığı taze limon suyu
- ½ küçük sarı soğan, ince doğranmış
- 2 diş sarımsak, preslenmiş
- ¼ çay kaşığı deniz tuzu
- Bir tutam biber
- Kıyılmış taze kişniş yaprağı

TALİMATLAR:
a) Avokadoları küçük bir kapta patates ezici kullanarak ezin.
b) Püre halindeki avokadoların içerisine ilave malzemeleri karıştırdıktan hemen sonra servis yapın.

57.Keçi Peyniri Guacamole

İÇİNDEKİLER:
- 2 Avokado
- 3 ons keçi peynir
- lezzet itibaren 2 misket limonu
- limon Meyve suyu itibaren 2 misket limonu
- ¾ çay kaşığı sarımsak pudra
- ¾ çay kaşığı soğan pudra
- ½ çay kaşığı tuz
- ¼ çay kaşığı kırmızı biber pullar (isteğe bağlı)
- ¼ çay kaşığı biber

TALİMATLAR:
a) Eklemek Avokado ile A yiyecek işlemci Ve karışım değin düz.
b) Eklemek geri kalan ile ilgili içindekiler Ve karışım değin Anonim.
c) Sert ile cips.

58. Humus guacamole

İÇİNDEKİLER:

- 1 her biri Olgun avokado, soyulmuş
- 2 bardak Humus bi tahin
- 1 her biri Yeşil soğan, doğranmış
- 1 küçük Domates, doğranmış
- 1 yemek kasigi Yeşil kırmızı biber, doğranmış
- zeytin yağ
- Kişniş, doğranmış
- pide

TALİMATLAR:

a) Kepçe avokado içine A orta tas. Püre & eklemek Humus, karışım iyice. Nazikçe karıştırmak içinde the Yeşil soğan, domates & kırmızı biber.

b) Kontrol etmek baharatlar. Kapak & buzdolabında saklayın.

c) Önce hizmet, çiseleyen yağmur ile zeytin yağ & garnitür ile Kişniş.

ç) Sert ile pide takozlar.

59.Kimçi Guacamole

İÇİNDEKİLER:

- 3 olgun avokado, püresi
- 1 bardak kimchi, doğranmış
- ¼ bardak kırmızı soğan, ince doğranmış
- 1 limon, suyu sıkılmış
- Tatmak için biber ve tuz
- Servis için tortilla cipsi

TALİMATLAR:

a) Bir kapta avokadoları ezin.
b) Kıyılmış kimchi, kırmızı soğan, limon suyu, tuz ve karabiber ekleyin. İyice karıştırın.
c) Kimchi guacamole'yi tortilla cipsiyle servis edin.

60.Spirulina Guacamole Sosu

İÇİNDEKİLER:
- 2 avokado, çekirdekleri çıkarılmış
- 1 limonun suyu
- 1 misket limonunun suyu
- 1 diş sarımsak, kabaca doğranmış
- 1 orta boy sarı soğan, kabaca doğranmış
- 1 jalapeno, dilimlenmiş
- 1 bardak kişniş yaprağı
- 3 yemek kaşığı spirulina
- 1 adet çekirdeği çıkarılmış ve doğranmış domates veya ½ bardak üzüm domates, ikiye bölünmüş
- Tatmak için biber ve tuz

TALİMATLAR:
a) hariç tüm malzemeleri blendera koyun ve birleşene kadar karıştırın.
b) Domatesleri karıştırın ve tadına göre baharatlayın.

61. Hindistan Cevizi Limonu Guacamole

İÇİNDEKİLER:
- 2 olgun avokado
- 1 misket limonunun suyu
- 1 limon kabuğu rendesi
- 2 yemek kaşığı doğranmış taze kişniş
- 2 yemek kaşığı doğranmış kırmızı soğan
- 2 yemek kaşığı kıyılmış hindistan cevizi
- Tatmak için biber ve tuz

TALİMATLAR:
a) Bir kapta olgun avokadoları çatalla krema kıvamına gelinceye kadar ezin.
b) Limon suyu, limon kabuğu rendesi, doğranmış kişniş, doğranmış kırmızı soğan, kıyılmış hindistan cevizi, tuz ve karabiberi ekleyin.
c) Tüm malzemeleri birleştirmek için iyice karıştırın.
ç) Baharatı istediğiniz gibi tadın ve ayarlayın.
d) Hindistan cevizi limonlu guacamole'yi tortilla cipsleriyle servis edin veya tacos, sandviç veya salatalar için lezzetli bir malzeme olarak kullanın.
e) Guacamole'deki bu tropik dokunuşun kremsi ve keskin lezzetlerinin tadını çıkarın!

62. Nori Guacamole

İÇİNDEKİLER:
- 1 avokado, soyulmuş, çekirdeği çıkarılmış ve püre haline getirilmiş
- 1 soğan, ince dilimlenmiş
- 1 yemek kaşığı taze limon suyu
- 1 yemek kaşığı kıyılmış kişniş
- Kaşer tuzu ve taze çekilmiş karabiber
- 2 yemek kaşığı ufalanmış kavrulmuş deniz yosunu atıştırmalıkları
- Servis için kahverengi pirinç kekleri veya krakerler

TALİMATLAR:
a) Avokado, yeşil soğan, limon suyu ve kişnişi bir kasede birleştirin.
b) Tuz ve karabiberle tatlandırın. Kavrulmuş deniz yosunu serpin ve pirinç kekleriyle servis yapın.

63.Tutku Meyvesi Guacamole

İÇİNDEKİLER:
- 2 olgun avokado, soyulmuş ve püre haline getirilmiş
- ¼ bardak doğranmış kırmızı soğan
- ¼ bardak doğranmış taze kişniş
- 1 jalapeno biberi, çekirdekleri çıkarılmış ve doğranmış
- 2 yemek kaşığı limon suyu
- ¼ bardak çarkıfelek meyvesi posası
- Tatmak için biber ve tuz

TALİMATLAR:
a) Bir kasede ezilmiş avokado, kırmızı soğan, kişniş, jalapeno biberi, limon suyu ve çarkıfelek meyvesi posasını karıştırın.
b) Tuz ve karabiberle tatlandırın.
c) Servis yapmadan önce en az 30 dakika buzdolabında soğutun.
ç) Tortilla cipsleri ile veya tacos için üst malzeme olarak servis yapın.

64. Moringa guacamole

İÇİNDEKİLER:
- 2-4 çay kaşığı Moringa Tozu
- 3 adet olgun avokado
- 1 Küçük kırmızı soğan, ince doğranmış
- Bir avuç kiraz domates, yıkanıp ince doğranmış
- 3 yapraklı kişniş dalı, yıkanmış ve ince doğranmış
- Üzerine serpmek için sızma zeytinyağı
- 1 misket limonunun suyu
- Baharatlar: tuz, karabiber, kurutulmuş kekik, kırmızı biber ve ezilmiş kişniş tohumu

TALİMATLAR:
a) Avokadoları ikiye bölün, çekirdeklerini çıkarın ve kabaca doğrayın. Bir avuç kabaca doğranmış avokadoyu bir kenara bırakın.
b) Malzemelerin geri kalanını geniş bir kaseye dökün ve guacamoleyi çatal kullanarak ezin ve iyice karıştırın.
c) Geri kalan avokadoları ekleyin ve üzerine biraz kişniş yaprağı serpin.

65. Mojito Guacamole

İÇİNDEKİLER:

- 3 olgun avokado, püresi
- ¼ bardak kırmızı soğan, ince doğranmış
- ¼ bardak taze kişniş, doğranmış
- 1 jalapeño, çekirdekleri çıkarılmış ve ince doğranmış
- 2 yemek kaşığı taze limon suyu
- 1 çay kaşığı şeker
- Tatmak için biber ve tuz
- Servis için tortilla cipsi

TALİMATLAR:

a) Bir kasede ezilmiş avokado, kırmızı soğan, kişniş, jalapeno ve limon suyunu birleştirin.
b) Tatmak için şeker, tuz ve karabiberi karıştırın.
c) Tortilla cipsleriyle servis yapın ve Mojito Guacamole'nizin tadını çıkarın!

66. Mimoza Guacamole

İÇİNDEKİLER:
- 2 olgun avokado, püresi
- ¼ bardak doğranmış kırmızı soğan
- ¼ bardak doğranmış domates
- ¼ bardak kıyılmış kişniş
- 1 jalapeno, çekirdekleri çıkarılmış ve ince doğranmış
- 2 yemek kaşığı taze limon suyu
- 2 yemek kaşığı şampanya
- Tatmak için biber ve tuz

TALİMATLAR:
a) Orta boy bir kapta ezilmiş avokado, kırmızı soğan, domates, kişniş ve jalapeno'yu birleştirin.
b) Taze limon suyunu ve şampanyayı karıştırın.
c) Tatmak için tuz ve karabiber ekleyin.
ç) Daldırma için tortilla cipsi veya sebze çubukları ile servis yapın.

67.Ayçiçeği Guacamole

İÇİNDEKİLER:
- 2 avokado
- ½ limon suyu
- ¼ çay kaşığı tuz
- ⅔ bardak doğranmış ayçiçeği filizleri
- ¼ bardak ince doğranmış kırmızı soğan
- ½ jalapeno, ince doğranmış

TALİMATLAR:
a) Tüm malzemeleri bir kapta birleştirin ve iri bir karışım halinde ezin.

68.Ejderha Meyvesi Guacamole

İÇİNDEKİLER:

- 1 ejder meyvesi
- 2 olgun avokado
- ¼ bardak doğranmış kırmızı soğan
- ¼ bardak kıyılmış kişniş
- 1 jalapeno biber, çekirdeği çıkarılmış ve kıyılmış
- 2 yemek kaşığı limon suyu
- Tatmak için biber ve tuz
- Servis için tortilla cipsi

TALİMATLAR:

a) Ejder meyvesini ikiye bölün ve içini çıkarın.
b) Orta boy bir kapta avokadoları çatal veya patates eziciyle ezin.
c) Ejder meyvesini, kırmızı soğanı, kişnişi, jalapeno biberini, limon suyunu, tuzu ve karabiberi ekleyin.
ç) İyice karıştırın ve tatların birbirine karışmasını sağlamak için guacamole'yi en az 10 dakika bekletin.
d) Tortilla cipsleri ile soğutulmuş olarak servis yapın.

TAHİN BAZLI DİSLER

69.Kremalı Ispanak-Tahin Sosu

İÇİNDEKİLER:
- 1 (10 ons) paket ile ilgili taze Bebek ıspanak
- 1 ile 2 sarımsak karanfiller
- **1** çay kaşığı tuz
- ⅓ bardak tahin (susam yapıştırmak)
- Meyve suyu ile ilgili 1 limon
- Zemin kırmızı biber
- 2 çay kaşığı tost susam tohumlar, için garnitür

TALİMATLAR:
a) Hafifçe buhar the ıspanak değin solmuş, hakkında 3 dakika. Sıkmak kuru Ve ayarlamak bir kenara.
b) İçinde A yiyecek işlemci, işlem the sarımsak Ve tuz değin incecik doğranmış. Eklemek the buğulanmış ıspanak, tahin, limon Meyve suyu, Ve kırmızı biber ile tatmak.
c) İşlem değin Peki harmanlanmış Ve tatmak, ayarlama baharatlar eğer gerekli.
ç) Aktar the daldırma ile A orta tas Ve serpmek ile the susam tohumlar. Eğer Olumsuz kullanarak Sağ uzak, kapak Ve buzdolabında saklamak değin ihtiyaç vardı.
d) Düzgün bir şekilde saklanmış, BT irade kale için yukarı ile 3 günler.

70.Baharatlı Közlenmiş Kırmızı Biber Tahin Dip

İÇİNDEKİLER:

- 2 büyük kırmızı biber, kavrulmuş, soyulmuş ve çekirdekleri çıkarılmış
- 1/3 su bardağı tahin
- 2 diş sarımsak, kıyılmış
- 1 limonun suyu
- 1 yemek kaşığı zeytinyağı
- 1/2 çay kaşığı kimyon
- 1/4 çay kaşığı füme kırmızı biber
- Tatmak için biber ve tuz
- Garnitür için kıyılmış taze maydanoz

TALİMATLAR:

a) Mutfak robotunda közlenmiş kırmızı biberi, tahini, kıyılmış sarımsağı, limon suyunu, zeytinyağını, kimyonu ve füme kırmızı biberi birleştirin. Pürüzsüz olana kadar karıştır.

b) Tatmak için tuz ve karabiber ekleyin. Gerekirse baharatı veya kıvamı ilave limon suyu veya tahin ile ayarlayın.

c) Sosu servis kasesine aktarın ve servis yapmadan önce kıyılmış taze maydanozla süsleyin.

ç) Daldırma için pide ekmeği, kraker veya sebze çubukları ile servis yapın.

71.Limonlu Tahin Sosu

İÇİNDEKİLER:

- 1/2 su bardağı tahin
- 1 limonun suyu
- 1 limon kabuğu rendesi ve
- 2 diş sarımsak, kıyılmış
- 2 yemek kaşığı kıyılmış taze maydanoz
- 1 yemek kaşığı doğranmış taze dereotu
- 1 yemek kaşığı doğranmış taze nane
- 2 yemek kaşığı zeytinyağı
- Tatmak için biber ve tuz
- Garnitür için ince dilimlenmiş limon turtaları

TALİMATLAR:

a) Bir karıştırma kabında tahini, limon suyunu, limon kabuğu rendesini, kıyılmış sarımsağı, kıyılmış maydanozu, dereotu, nane ve zeytinyağını iyice birleşene kadar çırpın.

b) Tatmak için tuz ve karabiber ekleyin. İstenirse baharatı veya kıvamı ilave limon suyu veya tahin ile ayarlayın.

c) Sosu servis kasesine aktarın ve servis yapmadan önce ince dilimlenmiş limon turlarıyla süsleyin.

ç) Kızarmış pide ekmeği, salatalık dilimleri veya sandviçlerin üzerine sürerek servis yapın.

72.Kremalı Pancar Tahin Sosu

İÇİNDEKİLER:

- 1 orta boy pancar, kavrulmuş, soyulmuş ve doğranmış
- 1/3 su bardağı tahin
- 2 diş sarımsak, kıyılmış
- 1 limonun suyu
- 1 yemek kaşığı zeytinyağı
- 1/2 çay kaşığı öğütülmüş kimyon
- Tatmak için biber ve tuz
- Süslemek için kavrulmuş susam

TALİMATLAR:

a) Bir mutfak robotunda kavrulmuş ve doğranmış pancarı, tahini, kıyılmış sarımsağı, limon suyunu, zeytinyağını ve öğütülmüş kimyonu birleştirin. Pürüzsüz olana kadar karıştır.

b) Tatmak için tuz ve karabiber ekleyin. Gerekirse baharatı veya kıvamı ilave limon suyu veya tahin ile ayarlayın.

c) Servis yapmadan önce sosu servis kasesine aktarın ve kavrulmuş susamla süsleyin.

ç) Ham sebzelerle, ekmek çubuklarıyla veya meze tabağına renkli bir katkı olarak servis yapın.

73. Güneşte Kurutulmuş Domates ve Fesleğenli Tahin Sosu

İÇİNDEKİLER:

- 1/2 su bardağı tahin
- 1/4 bardak güneşte kurutulmuş domates (yağda paketlenmiş), süzülmüş ve doğranmış
- 2 yemek kaşığı doğranmış taze fesleğen yaprağı
- 2 diş sarımsak, kıyılmış
- 1 limonun suyu
- 2 yemek kaşığı zeytinyağı
- Tatmak için biber ve tuz
- Süslemek için çam fıstığı (isteğe bağlı)

TALİMATLAR:

a) Bir mutfak robotunda tahini, güneşte kurutulmuş domatesi, doğranmış fesleğeni, kıyılmış sarımsağı, limon suyunu ve zeytinyağını birleştirin. Pürüzsüz olana kadar karıştır.

b) Tatmak için tuz ve karabiber ekleyin. Gerekirse baharatı veya kıvamı ilave limon suyu veya tahin ile ayarlayın.

c) Servis yapmadan önce sosu servis kasesine aktarın ve isteğe göre çam fıstığı ile süsleyin.

ç) Daldırma için ekmek çubukları, krakerler veya sebze sosları ile servis yapın.

74.Zerdeçal ve Zencefil Tahin Sosu

İÇİNDEKİLER:
- 1/2 su bardağı tahin
- 1 çay kaşığı öğütülmüş zerdeçal
- 1 çay kaşığı rendelenmiş taze zencefil
- 2 diş sarımsak, kıyılmış
- 1 limonun suyu
- 2 yemek kaşığı zeytinyağı
- Bir tutam acı biber
- Tatmak için biber ve tuz
- Garnitür için doğranmış taze kişniş

TALİMATLAR:
a) Bir karıştırma kabında tahini, öğütülmüş zerdeçalı, rendelenmiş zencefili, kıyılmış sarımsağı, limon suyunu, zeytinyağını ve bir tutam acı biberi birleştirin. İyice birleşene kadar karıştırın.

b) Tatmak için tuz ve karabiber ekleyin. İstenirse baharatı veya kıvamı ilave limon suyu veya tahin ile ayarlayın.

c) Sosu servis kasesine aktarın ve servis yapmadan önce doğranmış taze kişnişle süsleyin.

ç) Naan ekmeği, pide cipsi veya kavrulmuş sebzelerin sos olarak servis yapın.

75.Akçaağaç Tarçınlı Tahin Dip

İÇİNDEKİLER:

- 1/2 su bardağı tahin
- 2 yemek kaşığı akçaağaç şurubu
- 1/2 çay kaşığı öğütülmüş tarçın
- 1/4 çay kaşığı vanilya özü
- Bir tutam deniz tuzu
- 1/2 limon suyu
- 2-3 yemek kaşığı su (isteğe bağlı, inceltmek için)
- Daldırma için dilimlenmiş elma, armut veya simit

TALİMATLAR:

a) Bir karıştırma kabında tahin, akçaağaç şurubu, tarçın, vanilya özü, bir tutam deniz tuzu ve limon suyunu pürüzsüz hale gelinceye kadar çırpın.

b) Daldırma çok kalınsa, istenilen kıvama gelinceye kadar her seferinde bir çorba kaşığı su ekleyin.

c) Sosu bir servis kasesine aktarın ve daldırma için dilimlenmiş elma, armut veya simit ile servis yapın.

ç) Tatlı ve kremsi bir atıştırmalık veya tatlı sos olarak tadını çıkarın.

PEYNİR SOSU

76.Tuğla Peynir Sosu

İÇİNDEKİLER:
- 3 ons italyan peyniri peynir
- 3 ons taze rendelenmiş tuğla peynir
- 3 yemek kaşığı taze Kekik yapraklar
- 6 ons keçi peynir
- 1 ons Parmesan Peyniri zor peynir, taze rendelenmiş
- 4 şeritler kalın kesim domuz pastırması, pişmiş Ve Ufalanmış
- Tuz Ve biber, ile tatmak

TALİMATLAR:
a) Hazırlanmak the fırın için kavurucu.
b) Birleştir Tümü ile ilgili içindekiler içinde A pişirme tabak.
c) Serpmek the Parmesan Peyniri peynir üzerinde the tabak.
ç) Pişmek içinde A önceden ısıtılmış fırın için 5 dakika, veya değin the peynir başlar ile kahverengi Ve kabarcık.
d) Kaldırmak itibaren the fırın Ve sert hemen.

77.Mavi Peynir ve Gouda Peyniri Sosu

İÇİNDEKİLER:
- 2 yemek kaşığı tuzsuz tereyağı
- 1 bardak tatlı soğan, doğranmış
- 2 bardak krem peynir, en oda sıcaklık
- ⅛ çay kaşığı tuz
- ⅛ çay kaşığı beyaz biber
- ⅓ bardak Montucky Soğuk Atıştırmalıklar
- 1 ½ bardak doğranmış sahte tavuk
- ½ bardak Bal hardal, artı Daha için çiseleyen
- 2 yemek kaşığı çiftlik pansuman
- 1 bardak rendelenmiş çedar peynir
- 2 bardak Gouda peynir, rendelenmiş
- 2 yemek kaşığı mavi peynir pansuman
- ⅓ bardak Ufalanmış mavi peynir, artı Daha için Süsleme
- ¾ bardak Bal Barbekü Sos, artı Daha için çiseleyen

TALİMATLAR:
a) İçinde A büyük tava, eritmek the tereyağı üzerinde Düşük sıcaklık.
b) Karıştırmak içinde the doğranmış soğanlar Ve mevsim ile tuz Ve biber.
c) Aşçı için 5 dakika, veya değin biraz yumuşatıldı.
ç) Aşçı, karıştırma sıklıkla, değin the soğanlar karamelize etmek, hakkında 25 ile 30 dakika.
d) Ön ısıtma the fırın ile 375° F.
e) Kaban A 9 inç pişirme tabak ile yapışmaz yemek pişirmek sprey.
f) Birleştir the krem peynir, Tümü ile ilgili the peynir, Barbekü Sos, Bal hardal, çiftlik pansuman, Ve mavi peynir içinde A büyük karıştırma tas.
g) Eklemek the karamelize soğanlar Ve sahte tavuk.
ğ) Yer the meyilli içinde A pişirme tabak.
h) Garnitür ile the geriye kalan peynir.
ı) Pişmek the daldırma için 20–25 dakika, veya değin altın.
i) Sert hemen.

78.Krem Peynir ve Bal Sosu

İÇİNDEKİLER:
- 2 ons Krem Peynir
- 2 yemek kaşığı bal
- ¼ su bardağı sıkılmış portakal suyu
- ½ çay kaşığı öğütülmüş tarçın

TALİMATLAR:
a) Pürüzsüz olana kadar her şeyi karıştırın.

79. Buffalo Tavuk Sosu

İÇİNDEKİLER:
- 2 su bardağı kıyılmış pişmiş tavuk
- 8 ons krem peynir, yumuşatılmış
- ½ bardak acı sos
- ½ fincan çiftlik sosu
- 1 su bardağı rendelenmiş kaşar peyniri
- ¼ bardak mavi peynir kırıntısı (isteğe bağlı)
- Servis için tortilla cipsi veya kereviz çubukları

TALİMATLAR:
a) Fırını 350°F'ye önceden ısıtın.
b) Büyük bir karıştırma kabında rendelenmiş tavuk, krem peynir, acı sos ve ranch sosunu birleştirin. İyice birleşene kadar karıştırın.
c) Karışımı 9 inçlik bir pişirme kabına yayın ve üzerine rendelenmiş kaşar peyniri ve mavi peynir parçalarını (kullanılıyorsa) serpin.
ç) 20-25 dakika veya sıcak ve kabarcıklı olana kadar pişirin.
d) Tortilla cipsi veya kereviz çubuklarıyla sıcak olarak servis yapın.

80.Baharatlı Balkabağı ve Krem Peynir Sosu

İÇİNDEKİLER:

- 8 ons Krem Peynir
- 15 ons şekersiz konserve kabak
- 1 çay kaşığı tarçın
- ¼ çay kaşığı yenibahar
- ¼ çay kaşığı hindistan cevizi
- 10 ceviz, ezilmiş

TALİMATLAR:

a) Krem Peyniri ve konserve balkabağını mikserde krema kıvamına gelinceye kadar çırpın.
b) Tarçın, yenibahar, küçük hindistan cevizi ve cevizleri iyice birleşene kadar karıştırın.
c) Servis yapmadan önce buzdolabında bir saat kadar soğutun.

81.Bavyera partisinin düşüşü/yayılması

İÇİNDEKİLER:

- ½ bardak soğan, kıyılmış
- 1 pound Braunschweiger
- 3 ons Krem peynir
- ¼ çay kaşığı karabiber

TALİMATLAR:

a) Soğanları sık sık karıştırarak 8-10 dakika soteleyin ; ateşten alın ve boşaltın.

b) Kabı Braunschweiger'den çıkarın ve eti krem peynirle pürüzsüz hale gelinceye kadar karıştırın. Soğan ve biberi karıştırın.

c) Krakerler, ince dilimlenmiş çavdar üzerine ciğer sürerek servis yapın veya havuç, kereviz, brokoli, turp, karnabahar veya kiraz domates gibi çeşitli taze çiğ sebzeler eşliğinde sos olarak servis yapın.

82. Fırında enginar partisi sosu

İÇİNDEKİLER:

- 1 Somun büyük koyu çavdar ekmeği
- 2 yemek kaşığı Tereyağı
- 1 demet Yeşil soğan; doğranmış
- 6 diş taze sarımsak; 8'e kadar ince kıyılmış
- 8 ons Krem peynir; oda sıcaklığında.
- 16 ons Ekşi krema
- 12 ons Rendelenmiş kaşar peyniri
- 14 onsluk enginar kalbi konservesi; süzüldü ve dörde bölündü

TALİMATLAR:

a) Ekmek somununun üst kısmında yaklaşık 5 inç çapında bir delik açın. Yumuşak ekmeği kesilen kısımdan çıkarın ve atın.
b) Bir somunun üstünü yapmak için kabuğu ayırın.
c) Somunun yumuşak iç kısmının çoğunu çıkarın ve doldurma veya kurutulmuş ekmek kırıntısı gibi başka amaçlar için saklayın. Tereyağda,
ç) Yeşil soğanları ve sarımsakları, soğanlar ölene kadar soteleyin. Krem peyniri küçük parçalar halinde kesin ve soğanı, sarımsağı, ekşi kremayı ve kaşar peynirini ekleyin. İyice karıştırın. Enginar kalplerini katlayın, bu karışımın tamamını içi boş ekmek şeklinde boşaltın. Üstünü ekmeğin üzerine yerleştirin ve ağır hizmet tipi alüminyum folyoya sarın. 350 derecelik fırında 1½ saat pişirin.
d) Hazır olduğunuzda folyoyu çıkarın ve sosu daldırmak için kokteyl çavdar ekmeği kullanarak servis yapın.

83.Pub Peynir Sosu

İÇİNDEKİLER:
- 3 yemek kaşığı kabaca doğranmış, salamura Jalapeno Biberi biberler
- 1 bardak zor Elmadan yapılan bir içki
- ⅛ çay kaşığı zemin kırmızı biber
- 2 bardak rendelenmiş ekstra keskin, sarı çedar peynir
- 2 bardak rendelenmiş Colby Peynir
- 2 yemek kaşığı Mısır nişastası
- 1 yemek kasigi Dijon hardal
- 60 krakerler

TALİMATLAR:
a) İçinde A orta karıştırma tas, birleştirmek çedar peynir, Colby peynir, Ve Mısır nişastası. Yer bir kenara.
b) İçinde A orta tencere, birleştirmek Elmadan yapılan bir içki Ve hardal.
c) Aşçı değin kaynamak üzerinde orta-yüksek sıcaklık.
ç) Yavaş yavaş hızla çıkarmak içinde the peynir karışım, A biraz en A zaman, değin düz.
d) Dönüş kapalı the sıcaklık.
e) Karıştırmak içinde the Jalapeno Biberi Ve kırmızı biberler.
f) Yer the karışım içinde A 1 çeyrek yavaş Ocak veya fondü tencere.
g) Kale ılık Açık Düşük sıcaklık.
ğ) Sert yanında krakerler.

84.Düşük Karbonhidratlı tava pizza sosu

İÇİNDEKİLER:

- 6 ons Krema Peynir Mikrodalgada ısıtılan
- ¼ bardak Ekşi Krem
- ½ bardak Mozarella Peynir, rendelenmiş
- Tuz Ve Biber ile Tatmak
- ¼ bardak mayonez
- ½ bardak Mozarella Peynir, rendelenmiş
- ½ bardak Düşük karbonhidrat Domates Sos
- ¼ bardak Parmesan Peyniri Peynir

TALİMATLAR:

a) Ön ısıtma the fırın ile 350 derece Fahrenhayt.

b) Karışım the krem peynir, ekşi krem, mayonez, mozarella , tuz Ve biber.

c) Dökün içine ramekinler Ve yaymak Domates Sos üzerinde her biri ramekin gibi Peki gibi mozarella peynir Ve Parmesan Peyniri peynir.

ç) Tepe senin tava Pizza düşüşler ile senin favori Topingler.

d) Pişmek için 20 dakika .

e) Sert yanında bazı lezzetli ekmek çubukları veya domuz eti kabuklar!

85.Yengeç rangoonu sosu

İÇİNDEKİLER:
- 1 (8 ons) paket ile ilgili krem peynir, yumuşatılmış
- 2 yemek kaşığı zeytin yağ mayonez
- 1 yemek kasigi taze sıkılmış limon Meyve suyu
- ½ çay kaşığı deniz tuz
- ¼ çay kaşığı siyah biber
- 2 karanfiller sarımsak, kıyılmış
- 2 orta yeşil soğanlar, doğranmış
- ½ bardak rendelenmiş Parmesan Peyniri peynir
- 4 ons (hakkında ½ bardak) ile ilgili konserve beyaz Yengeç eti

TALİMATLAR:
a) Ön ısıtma fırın ile 350°F.
b) İçinde A orta tas, karışım krem peynir, mayonez, limon Meyve suyu, tuz, Ve biber ile A el karıştırıcı değin Peki Anonim.
c) Eklemek sarımsak, soğanlar, Parmesan Peyniri peynir, Ve Yengeç eti Ve katlamak içine the karışım ile A spatula.
ç) Aktar karışım ile BİR fırın güvenli güveç Ve **ONU** yaymak eşit olarak.
d) 30-35 **KADAR** pişirin dakika değin üst ile ilgili Dalma dır-dir biraz kahverengileşmiş. Sert ılık.

86.Baharatlı karides ve peynirli dip

İÇİNDEKİLER:

- 2 dilim şekersiz pastırma
- 2 orta boy sarı soğan, soyulmuş ve doğranmış
- 2 diş sarımsak, kıyılmış
- 1 bardak patlamış mısır karidesi (panelenmiş tür değil), pişmiş
- 1 orta boy domates, doğranmış
- 3 su bardağı rendelenmiş Monterey jack peyniri
- ¼ çay kaşığı Frank'in Kırmızı-acı sosu
- ¼ çay kaşığı acı biber
- ¼ çay kaşığı karabiber

TALİMATLAR:

a) Aşçı the domuz pastırması içinde A orta tava üzerinde orta sıcaklık değin gevrek, hakkında 5–10 dakika. Kale gres içinde the tava. Sermek the domuz pastırması Açık A kağıt havlu ile Serin. Ne zaman Serin, ufalanmak the domuz pastırması ile senin parmaklar.

b) Eklemek the soğan Ve sarımsak ile the domuz pastırması damlama içinde the tava Ve sote üzerinde orta-düşük sıcaklık değin Onlar öyle yumuşak Ve kokulu, hakkında 10 dakika.

c) Birleştir Tümü içindekiler içinde A yavaş Ocak; karıştırmak Peki. Aşçı kapalı Açık Düşük ayar için 1–2 saat veya değin peynir dır-dir tamamen erimiş.

87.Sarımsak ve pastırma sosu

İÇİNDEKİLER:
- 8 dilim şekersiz pastırma
- 2 su bardağı doğranmış ıspanak
- 1 (8 ons) paket krem peynir, yumuşatılmış
- ¼ bardak tam yağlı ekşi krema
- ¼ fincan sade, tam yağlı Yunan yoğurdu
- 2 yemek kaşığı kıyılmış taze maydanoz
- 1 yemek kaşığı limon suyu
- 6 diş kavrulmuş sarımsak, püresi
- 1 çay kaşığı tuz
- ½ çay kaşığı karabiber
- ½ su bardağı rendelenmiş parmesan peyniri

TALİMATLAR:
a) Ön ısıtma fırın ile 350°F.
b) Aşçı domuz pastırması içinde A orta tava üzerinde orta sıcaklık değin gevrek. Kaldırmak domuz pastırması itibaren the tava Ve ayarlamak bir kenara Açık A plaka astarlı ile kağıt Havlu.
c) Eklemek ıspanak ile the sıcak tava Ve aşçı değin solmuş. Kaldırmak itibaren sıcaklık Ve ayarlamak bir kenara.
ç) İle A orta tas, eklemek krem peynir, ekşi krem, yoğurt, maydanoz, limon Meyve suyu, sarımsak, tuz, Ve biber Ve vurmak ile A elde tutulan karıştırıcı değin birleştirildi.
d) Kabaca kesmek domuz pastırması Ve karıştırmak içine krem peynir karışım. Karıştırmak içinde ıspanak Ve Parmesan Peyniri peynir.
e) Aktar ile BİR 8" × 8" pişirme tava Ve pişmek için 30 dakika veya değin sıcak Ve kabarcıklı.

88.Kremalı Keçi Peyniri Pesto Sosu

İÇİNDEKİLER:

- 2 bardak paketlenmiş taze reyhan yapraklar
- ½ bardak rendelenmiş Parmesan Peyniri peynir
- 8 ons keçi peynir
- 1-2 çay kaşığı kıyılmış sarımsak
- ½ çay kaşığı tuz
- ½ bardak zeytin yağ

TALİMATLAR:

a) Karışım reyhan, peynir, sarımsak, Ve tuz içinde A yiyecek işlemci veya karıştırıcı değin düz. Eklemek zeytin yağ içinde BİR eşit aktarım Ve karışım değin birleştirildi.

b) Sert hemen veya mağaza içinde buzdolabı .

89.Sıcak Pizza Süper dip

İÇİNDEKİLER:
- Yumuşatılmış Krem Peynir
- mayonez
- Mozarella Peynir
- Reyhan
- Kekik
- Sarımsak Pudra
- Pepperoni
- Siyah Zeytin
- Yeşil Zil Biberler

TALİMATLAR:

a) Karışım içinde senin yumuşatılmış krem peynir, mayonez, Ve A biraz biraz ile ilgili mozarella peynir. Eklemek A serpmek ile ilgili reyhan, kekik, maydanoz, Ve sarımsak pudra, Ve karıştırmak değin onun güzelce birleştirildi.

b) Doldurmak BT içine senin derin tabak turta plaka Ve yaymak BT dışarı içinde BİR eşit katman.

c) Yaymak senin Pizza Sos Açık tepe Ve eklemek senin tercihli Topingler. İçin Bu örnek, Biz irade eklemek mozarella peynir, pepperoni siyah zeytin, Ve yeşil biberler. Pişmek en 350 için 20 dakika.

90.Fırında Ispanak ve Enginar Dip

İÇİNDEKİLER:

- 14 ons olabilir enginar kalpler, süzülmüş Ve doğranmış
- 10 ons dondurulmuş doğranmış ıspanak çözülmüş
- 1 bardak gerçek mayonez
- 1 bardak rendelenmiş Parmesan Peyniri peynir
- 1 sarımsak karanfil preslenmiş

TALİMATLAR:

a) Çözülme dondurulmuş ıspanak Daha sonra sıkmak BT kuru ile senin eller.

b) Karıştırmak birlikte: süzülmüş Ve doğranmış enginar, sıkılmış ıspanak, 1 bardak mayonez, ¾ bardak Parmesan Peyniri peynir, 1 preslenmiş sarımsak karanfil, Ve Aktar ile A 1 çeyrek güveç veya turta tabak.

c) Serpmek Açık kalan ¼ bardak Parmesan Peyniri peynir.

ç) Pişmek açıkta için 25 dakika en 350°F veya değin ısıtılmış başından sonuna kadar. Sert ile senin favori Crostini, cips, veya krakerler.

91.enginar Dip

İÇİNDEKİLER:
- 2 bardak ile ilgili enginar kalpler, doğranmış
- 1 bardak mayonez veya ışık mayonez
- 1 bardak rendelenmiş Parmesan Peyniri

TALİMATLAR:

a) Birleştir Tümü içindekiler, Ve yer the karışım içinde A yağlanmış pişirme tabak. Pişmek için 30 dakika en 350 °F.

b) Pişmek the daldırma değin BT dır-dir hafifçe kahverengileşmiş Ve kabarcıklı Açık tepe.

92.Kremalı enginar sosu

İÇİNDEKİLER:

- 2 X 8 ons paketler ile ilgili krem peynir, oda sıcaklık
- ⅓ bardak ekşi krem
- ¼ bardak mayonez
- 1 yemek kasigi limon Meyve suyu
- 1 yemek kasigi Dijon hardal
- 1 sarımsak karanfil
- 1 çay kaşığı Worcestershire Sos
- ½ çay kaşığı sıcak biber Sos
- 3 X 6 ons kavanozlar ile ilgili marine edilmiş enginar kalpler, süzülmüş Ve doğranmış
- 1 bardak rendelenmiş mozarella peynir
- 3 taze soğan
- 2 çay kaşığı kıyılmış Jalapeno Biberi

TALİMATLAR:

a) Kullanma BİR elektrik karıştırıcı vurmak the Birinci 8 bileşenli A büyük tas değin harmanlanmış. Katlamak içinde enginar, mozarella, taze soğan, Ve Jalapeno Biberi.
b) Aktar ile A pişirme tabak.
c) Ön ısıtma the fırın ile 400 °F.
ç) Pişmek daldırma değin köpüren Ve kahverengi Açık tepe- hakkında 20 dakika.

93. Dereotu ve Krem Peynir Sosu

İÇİNDEKİLER:
- 1 bardak ova soya yoğurt
- 4 ons Krema Peynir
- 1 yemek kasigi limon Meyve suyu
- 2 yemek kaşığı kurutulmuş Frenk soğanı
- 2 yemek kaşığı kurutulmuş Dereotu esrar
- 1/2 çay kaşığı deniz tuz
- Çizgi biber

TALİMATLAR:
a) Her şeyi karıştırın ve en az bir saat buzdolabında saklayın.

94.Yabani pirinç ve Chili Dip

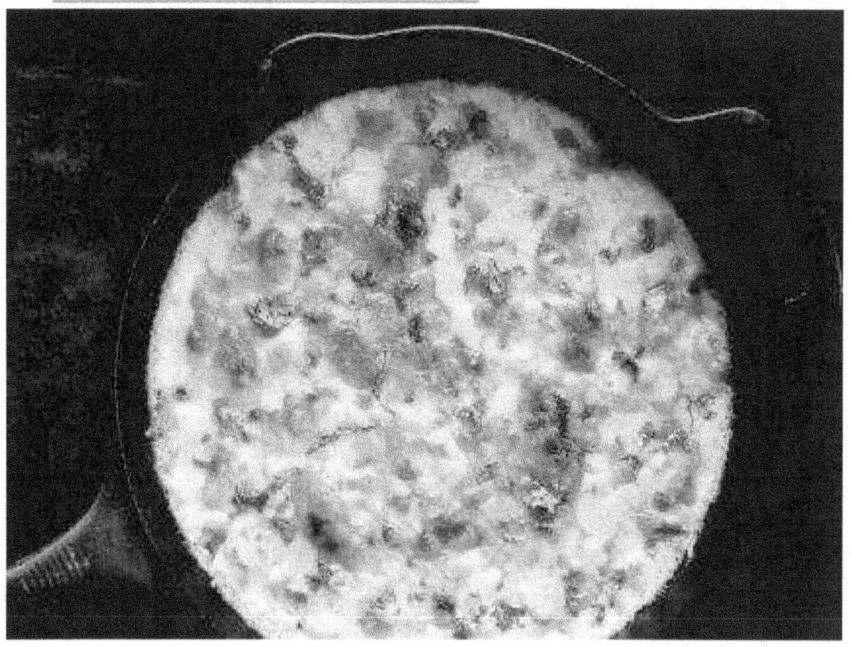

İÇİNDEKİLER:

- 12 ons ile ilgili pişmiş mercimek
- ¼ bardak mayasız sebze et suyu
- ¼ bardak doğranmış yeşil zil biber
- 1/2 karanfil sarımsak, preslenmiş
- 1 bardak doğranmış domates
- ¼ bardak doğranmış soğan
- 2 ons Krem Peynir
- 1/2 yemek kasigi Acı biber pudra
- 1/2 çay kaşığı kimyon
- ¼ çay kaşığı deniz tuz
- Çizgi kırmızı biber
- 1/2 bardak pişmiş vahşi pirinç

TALİMATLAR:

a) İçinde A küçük tencere, aşçı the mercimek Ve sebze et suyu.

b) Eklemek the soğanlar, zil biber, sarımsak, Ve domates Ve aşçı için 8 dakika üzerinde orta sıcaklık.

c) İçinde A karıştırıcı, birleştirmek Krem Peynir, Acı biber pudra, kimyon, Ve deniz tuz değin düz.

ç) Birleştir the pirinç, krem peynir karışım, Ve mercimek sebze karışım içinde A büyük karıştırma tas Ve atmak Peki.

95. Baharatlı Balkabağı ve Krem Peynir Sosu

İÇİNDEKİLER:
- 8 ons ile ilgili Krem Peynir
- 15 ons şekersiz konserve kabak
- 1 çay kaşığı tarçın
- ¼ çay kaşığı yenibahar
- ¼ çay kaşığı küçük hindistan cevizi
- 10 cevizler, parçalanmış

TALİMATLAR:
a) kırbaç the Krem Peynir Ve konserve kabak birlikte içinde A karıştırıcı değin kremsi.
b) Karıştırmak içinde the tarçın, yenibahar, küçük hindistan cevizi, Ve cevizler değin iyice birleştirildi.
c) Önce hizmet, sakin olmak için bir saat içinde the buzdolabı.

ASYA DALDIRMA SOSLARI

96.Kayısı ve Şili Dip Sosu

İÇİNDEKİLER:

- 4 kurutulmuş kayısı
- 1 bir fincan beyaz üzüm Meyve suyu veya elma Meyve suyu
- 1 çay kaşığı Asya Acı biber yapıştırmak
- 1 çay kaşığı rendelenmiş taze zencefil
- 1 yemek kasigi soya Sos
- 1 yemek kasigi pirinç sirke

TALİMATLAR:

a) İçinde A küçük tencere, birleştirmek the kayısı Ve üzüm Meyve suyu Ve sıcaklık Sadece ile A kaynamak. Kaldırmak itibaren the sıcaklık Ve ayarlamak bir kenara için 10 dakika ile izin vermek the kayısı ile yumuşatın.

b) Aktar the kayısı karışım ile A karıştırıcı veya yiyecek işlemci Ve işlem değin düz. Eklemek the Acı biber yapıştırmak, zencefil, soya Sos, Ve sirke Ve işlem değin düz. Tatmak, ayarlama baharatlar eğer gerekli.

c) Aktar ile A küçük tas. Eğer Olumsuz kullanarak Sağ uzak, kapak Ve buzdolabında saklamak değin ihtiyaç vardı.

ç) Düzgün bir şekilde saklanmış, the Sos irade kale için 2 ile 3 günler.

97.Mango-Ponzu Daldırma Sosu

İÇİNDEKİLER:
- 1 bardak doğranmış olgun Mango
- 1 yemek kasigi ponzu Sos
- ¼ çay kaşığı Asya Acı biber yapıştırmak
- ¼ çay kaşığı şeker
- 2 yemek kaşığı su, artı Daha eğer gerekli

TALİMATLAR:
a) İçinde A karıştırıcı veya yiyecek işlemci, birleştirmek Tümü içindekiler Ve karışım değin düz, ekleme bir diğer yemek kasigi ile ilgili su eğer A daha ince Sos dır-dir İstenen.
b) Aktar ile A küçük tas. Sert hemen veya kapak Ve buzdolabında saklamak değin hazır ile kullanmak. Bu Sos dır-dir en iyi kullanılmış Açık the Aynı gün BT dır-dir yapılmış.

98.Soya Zencefilli Daldırma Sosu

İÇİNDEKİLER:

- 1/4 bardak soya sosu
- 2 yemek kaşığı pirinç sirkesi
- 1 yemek kaşığı susam yağı
- 1 yemek kaşığı bal veya esmer şeker
- 1 çay kaşığı taze rendelenmiş zencefil
- 1 diş sarımsak, kıyılmış
- 1 yemek kaşığı doğranmış yeşil soğan (isteğe bağlı)

TALİMATLAR:

a) Küçük bir kapta soya sosu, pirinç sirkesi, susam yağı, bal veya esmer şeker, rendelenmiş zencefil, kıyılmış sarımsak ve doğranmış yeşil soğanları (kullanılıyorsa) birlikte çırpın.

b) İyice birleşene kadar karıştırın.

c) Gerekirse daha fazla bal/şeker veya soya sosu ekleyerek tat tercihinize göre tatlılığı veya tuzluluğu ayarlayın.

ç) Köfte, Çin böreği veya ızgara etler için daldırma sosu olarak servis yapın.

99.Baharatlı Fıstık Dip Sosu

İÇİNDEKİLER:
- 1/4 bardak kremalı fıstık ezmesi
- 2 yemek kaşığı soya sosu
- 1 yemek kaşığı pirinç sirkesi
- 1 yemek kaşığı bal veya akçaağaç şurubu
- 1 çay kaşığı susam yağı
- 1 diş sarımsak, kıyılmış
- 1 çay kaşığı sriracha sosu (tadına göre ayarlayın)
- 2-3 yemek kaşığı su (sosu inceltmek için)
- Garnitür için doğranmış fıstık ve dilimlenmiş yeşil soğan (isteğe bağlı)

TALİMATLAR:
a) Bir karıştırma kabında kremalı fıstık ezmesi, soya sosu, pirinç sirkesi, bal veya akçaağaç şurubu, susam yağı, kıyılmış sarımsak ve sriracha sosunu birleştirin.
b) Pürüzsüz olana kadar iyice karıştırın.
c) İstenilen kıvamı elde etmek için yavaş yavaş su ekleyin.
ç) Tadına göre daha fazla soya sosu, bal veya sriracha ekleyerek baharatı ayarlayın.
d) İstenirse kıyılmış fıstık ve dilimlenmiş yeşil soğanla süsleyin.
e) Taze börekler, satay şişleri veya erişteler için daldırma sosu olarak servis yapın.

100.Sweet Chili Limonlu Daldırma Sos

İÇİNDEKİLER:

- 1/4 bardak tatlı biber sosu
- 1 misket limonunun suyu
- 1 yemek kaşığı soya sosu
- 1 çay kaşığı susam yağı
- 1 diş sarımsak, kıyılmış
- 1 çay kaşığı rendelenmiş zencefil
- 1 yemek kaşığı kıyılmış kişniş (isteğe bağlı)
- Ekstra ısı için ince dilimlenmiş biber (isteğe bağlı)

TALİMATLAR:

a) Küçük bir kapta tatlı biber sosunu, limon suyunu, soya sosunu, susam yağını, kıyılmış sarımsağı, rendelenmiş zencefili ve doğranmış kişnişi (kullanılıyorsa) birlikte çırpın.

b) Ekstra ısıyı tercih ederseniz ince dilimlenmiş biber ekleyin.

c) Gerekirse daha fazla tatlı biber sosu veya limon suyu ekleyerek tatlılığı veya keskinliği ayarlayın.

ç) Karides, Çin böreği veya kızarmış tofu için daldırma sosu olarak servis yapın.

ÇÖZÜM

Soslar ve sürmeler dünyasındaki yolculuğumuzu tamamlarken, umarım atıştırma oyununuzu geliştirmek ve sıradan anları olağanüstü deneyimlere dönüştürmek için ilham alırsınız. "Komple Soslar ve Sürülebilir Tarifler Kitabı" lezzet tutkusu ve iyi yemekleri sevdikleriyle paylaşma aşkıyla hazırlandı.

Sosların ve sosların lezzetli dünyasını keşfetmeye devam ederken olasılıkların sonsuz olduğunu unutmayın. İster yeni lezzet kombinasyonları deniyor olun, ister tarifleri zevk tercihlerinize göre kişiselleştiriyor olun, ister sadece daldırma ve yaymanın keyfini çıkarıyor olun, her lokma, yemeği paylaşmanın ve başkalarıyla anılar yaratmanın getirdiği neşenin bir hatırlatıcısı olsun.

Bu mutfak macerasında bana katıldığınız için teşekkür ederim. Soslarınız kremamsı, sürmeleriniz lezzetli ve atıştırma deneyimleriniz gerçekten olağanüstü olsun. Tekrar buluşana kadar, mutlu dalışlar ve yayılmalar!

www.ingramcontent.com/pod-product-compliance
Lightning Source LLC
LaVergne TN
LVHW021709060526
838200LV00050B/2575